AF281335

INFORMACIÓN IMPULSADA POR INTELIGENCIA ARTIFICIAL: ANÁLISIS DE CONTENIDO VISUAL Y TEXTUAL EN REDES SOCIALES PARA LA GESTIÓN DEL MARKETING DE DESTINOS DE LA CIUDAD DE LEÓN

La edición de esta obra, que obtuvo el XXIX Premio "Mariano Rodríguez para Jóvenes Investigadores" en la convocatoria 2024, ha sido financiada por la "Fundación Carolina Rodríguez".

Sofía Blanco Moreno

INFORMACIÓN IMPULSADA POR INTELIGENCIA ARTIFICIAL: ANÁLISIS DE CONTENIDO VISUAL Y TEXTUAL EN REDES SOCIALES PARA LA GESTIÓN DEL MARKETING DE DESTINOS DE LA CIUDAD DE LEÓN

SERVICIO
DE PUBLICACIONES
UNIVERSIDAD DE LEÓN

2025

Blanco Moreno, Sofía

Información impulsada por inteligencia artificial : análisis de contenido visual y textual en redes sociales para la gestión del marketing de destinos de la ciudad de León / Sofía Blanco Moreno. – [León] : Universidad de León, Servicio de Publicaciones, 2025.
150 p. : il., gráf., tablas col. ; 21 cm
Bibliogr.: p. [127]-150. -- XXIX Premio "Mariano Rodríguez para Jóvenes Investigadores" en la convocatoria 2024 de la "Fundación Carolina Rodríguez"
ISBN 979-13-87583-24-8
1. Marketing-Investigación. 2. Turismo-Marketing. 3. Turismo-España-León (Provincia) I. Universidad de León. Servicio de Publicaciones. II. Título.

659.1:001.891
001.891:659.1
338.487:659.1
659.1:338.487
338.48(460.181)

Reservados todos los derechos.

Cualquier forma de reproducción, distribución, comunicación pública o transformación de esta obra solo puede ser realizada con la autorización de sus titulares, salvo excepción prevista por la ley.

Diríjase a CEDRO (Centro Español de Derechos Reprográficos) si necesita fotocopiar o escanear algún fragmento de esta obra.

www.cedro.org; 91 702 19 70 / 93 272 04 45

SERVICIO DE PUBLICACIONES
UNIVERSIDAD DE LEÓN

Edita: UNIVERSIDAD DE LEÓN. Servicio de Publicaciones

© Universidad de León. Servicio de Publicaciones.

© Sofía Blanco Moreno

ISBN: 979-13-87583-24-8
Depósito legal: LE 448-2025
Imprime: Kadmos
Impreso en España / Printed in Spain

Unión de Editoriales Universitarias Españolas
Esta editorial es miembro de UNE, lo que garantiza la difusión y comercialización de sus publicaciones a nivel nacional e internacional.

ÍNDICE

1. RESUMEN BREVE

La irrupción de las redes sociales en la vida cotidiana de las personas ha impactado significativamente en la forma que tienen los turistas de interactuar con los destinos. Las plataformas de redes sociales permiten a los usuarios compartir experiencias a través de publicaciones compuestas por imágenes y textos, generando diariamente millones de datos inexplorados que explican el comportamiento y las preferencias de los usuarios. La presente tesis doctoral tiene como objetivo aprovechar esta ingente cantidad de información, denominada *big data*, y explotarla a través de técnicas de **inteligencia artificial** (AI) para proporcionar información útil para la toma de **decisiones de marketing de destinos** (DMO).

Esta investigación explora la integración de técnicas de *big data* e inteligencia artificial, centrándose específicamente en el **contenido generado por el usuario** (UGC) en plataformas de redes sociales, concretamente Instagram, **en el destino turístico León (ciudad).** Se aplican técnicas de AI como el **aprendizaje automático** (*machine learning*) **y el aprendizaje prof**undo (*deep learning*) para procesar y analizar datos extraídos de Instagram, concretamente **unas 140.000 publicaciones, y millones de datos**. La investigación aborda cómo el **contenido visual y textual** compartido por los usuarios puede afectar las estrategias de marketing de destinos, centrándose en León como caso de estudio.

La investigación se estructura en torno a varios objetivos clave: desarrollar y aplicar metodologías de *web scraping* para recopilar grandes conjuntos de datos de plataformas de redes sociales relacionados con la ciudad de León, utilizar técnicas de AI para extraer información valiosa de estos conjuntos de datos, incluido el análisis de sentimientos y la clasificación de imágenes, y examinar las consideraciones éticas relacionadas con *big data* e inteligencia artificial en el marketing de destinos. Además, la presente investigación implica la **revisión de la literatura existente** para identificar lagunas en la investigación y tendencias emergentes en el uso de UGC para el marketing de destinos centrados en ciudades históricas como León.

Esta tesis está compuesta de siete capítulos (cuatro empíricos, uno teórico, introducción y conclusiones), aunque para los XXIX PREMIOS "MARIANO RODRÍGUEZ" PARA JÓVENES INVESTIGADORES se presentan únicamente los tres capítulos empíricos más relevantes. La investigación completa aborda en los **dos primeros capítulos la necesidad de desarrollar y aplicar metodologías de *web scraping* e inteligencia artificial para analizar UGC en plataformas de redes sociales**, extrayendo información valiosa mediante aprendizaje automático, aprendizaje profundo y redes neuronales. La investigación también aborda consideraciones éticas, enfatizando la importancia de la gestión y el análisis de datos. Seguidamente, se lleva a cabo **un análisis bibliométrico que permite cuantificar y evaluar la progresión de la literatura académica sobre UGC en contextos turísticos**, identificando nuevas oportunidades de investigación aplicadas a la ciudad de León. La presente tesis doctoral se extiende al **análisis sobre las experiencias turísticas, y cómo estas son generadas en León y compartidas en las redes sociales, contribuyendo a la formación de la imagen del destino**. Posteriormente, se examina el **papel del *engagement* generado por las publicaciones de los usuarios** en la construcción y difusión de la imagen de León como destino turístico. Y, por último, se analizan las **características del marketing de *influencers* para mejorar la comprensión de su impacto en las tasas de *engagement*** y la imagen del destino.

La **metodología de la investigación abarca cinco fases distintas**. Inicialmente, se selecciona Instagram debido a su gran base de usuarios y su gran cantidad de datos sobre experiencias turísticas. A esto le sigue el establecimiento de diversos criterios para seleccionar un destino turístico relevante, seleccionando finalmente la ciudad de León por su riqueza cultural y gastronómica. La tercera se centra en la extracción de datos mediante *web scraping*, lo que da como resultado la recopilación de aproximadamente **140.000 publicaciones de la red social Instagram (139.273 válidas)** que mencionan o muestran experiencias en la ciudad de León. En la cuarta fase se desarrolla la clasificación de los usuarios, distinguiendo entre turistas, residentes y empresas en función de sus patrones de publicación y características de contenido relacionadas con León. Y la fase final permite la extracción de variables, utilizando modelos de AI que permiten extraer información de textos e imágenes.

La presente tesis doctoral destaca el **potencial del *big data* y la AI en el marketing turístico, mostrando cómo la AI permite descubrir patrones en UGC** que los métodos de análisis tradicionales podrían pasar por alto. **Técnicas como el análisis de sentimientos, la categorización de imágenes y el análisis**

de metadatos brindan información profunda sobre el *engagement* en redes sociales. Se descubrió que las emociones positivas expresadas en las publicaciones de **las redes sociales mejoran significativamente la imagen de León como destino turístico**, y las fotografías de personas, especialmente aquellas que muestran emociones positivas y *selfies*, generan un mayor *engagement*. La efectividad de los *influencers* depende del sentimiento de sus publicaciones y de su conexión con León, siendo los *influencers* con menor cantidad de seguidores los que consiguen mayores tasas de *engagement*.

Los **hallazgos de la presente tesis ofrecen información valiosa** para diseñar estrategias de marketing de destinos más efectivas alineadas con las preferencias y comportamientos de los turistas. El marco conceptual desarrollado sirve de guía para los responsables del desarrollo de estrategias de marketing turístico centradas en la ciudad de León. La presente tesis muestra una exploración integral sobre cómo la IA y el *big data* pueden revolucionar el marketing de destinos.

Las **principales implicaciones para el destino de León derivadas de la presente tesis doctoral resaltan su potencial** como un modelo de referencia para estrategias innovadoras de marketing turístico basadas en el análisis de *big data* y el UGC. **León, como ciudad cultural y gastronómica, es un destino emblemático en la ruta del Camino de Santiago, reconocido por la UNESCO como Patrimonio Mundial.** Esta investigación proporciona un marco metodológico replicable que permite a los gestores turísticos aprovechar herramientas avanzadas como la inteligencia artificial para optimizar la gestión de su imagen de marca y mejorar la competitividad del destino. En particular, se destacan estrategias para promover experiencias "instagrameables" y fomentar la creación de contenido visual atractivo por parte de los visitantes, lo que amplifica el atractivo del destino a través del *engagement* orgánico en redes sociales. Además, el uso estratégico de *influencers*, especialmente los *nano influencers*, permite maximizar las tasas de *engagement*, contribuyendo a la construcción de una imagen positiva y dinámica de León. **Los hallazgos también sugieren la creación de experiencias sociales y emocionales que resalten los valores culturales y gastronómicos del destino**, promoviendo la generación de contenido emocionalmente atractivo. Asimismo, la integración de herramientas de análisis avanzado permite a las organizaciones de marketing de destinos (DMOs) tomar decisiones más rápidas y efectivas basadas en datos, adaptándose a las tendencias digitales emergentes. Finalmente, **esta investigación contribuye al desarrollo de plataformas innovadoras como Photo Data Tour Analytics** diseñadas para analizar el comportamiento de los usuarios en redes sociales y proporcionar información clave para mejorar la planificación estratégica del destino (https://mktingphotodatatour.unileon.es/).

2. PROPUESTA DE VALOR DE LA TESIS DOCTORAL

Esta tesis doctoral representa una **contribución innovadora y significativa al campo del marketing turístico y la gestión de destinos.** Centrada en la **ciudad de León (España) como destino turístico cultural y gastronómico,** esta investigación combina el análisis de *big data* y las técnicas avanzadas de inteligencia artificial para abordar los retos contemporáneos en el marketing de destinos turísticos.

El principal valor de esta tesis radica en su capacidad para **aprovechar el contenido generado por los usuarios en Instagram,** como fuente de información para mejorar la toma de decisiones estratégicas de las DMOs. Al utilizar algoritmos de aprendizaje automático y aprendizaje profundo, la tesis ofrece un marco metodológico replicable para extraer patrones de comportamiento, emociones y preferencias expresadas en imágenes y textos compartidos por los usuarios.

La investigación propone un enfoque multidimensional que analiza el UGC desde tres perspectivas: visual, textual y metadatos. Esta metodología permite descubrir *insights* que van más allá de los enfoques tradicionales, aportando una comprensión más profunda del *engagement* y la imagen del destino. Los resultados muestran cómo las emociones positivas y las experiencias compartidas en redes sociales influyen en la percepción de los destinos, destacando el papel clave de las emociones y los *influencers* en el marketing digital.

Entre sus contribuciones más relevantes, la tesis desarrolla un **modelo conceptual basado en IA que integra el análisis de sentimientos, la clasificación de imágenes y la segmentación de usuarios para identificar patrones de comportamiento y *engagement*.** Este modelo ofrece a las DMOs herramientas prácticas para personalizar campañas de marketing, optimizar la comunicación con audiencias específicas y fomentar la creación de contenido atractivo y viral.

Además, la **tesis aborda las implicaciones éticas del uso de *big data* e inteligencia artificial en el marketing turístico**, estableciendo directrices para una gestión de datos responsable y transparente. Esto subraya la relevancia de integrar prácticas éticas en la transformación digital de la industria turística. **Una de las aplicaciones más destacadas de los resultados de esta tesis es el desarrollo de la plataforma Photo Data Tour Analytics.** Este proyecto, que ganó el premio I UAM-ASSECO *Business Case Award* en 2022 y el prototipo FGULEM, permite a las DMOs, y concretamente a las organizaciones y empresas turística obtener información **detallada y en tiempo real sobre el comportamiento y las preferencias de los turistas a partir de publicaciones en Instagram.** La plataforma combina algoritmos avanzados de IA para procesar imágenes, textos y metadatos, ofreciendo *dashboards* interactivos y visualizaciones dinámicas para **facilitar la toma de decisiones estratégicas.** Su diseño intuitivo y orientado a la acción convierte esta herramienta en un recurso práctico para la planificación y promoción del destino de León, sirviendo como referencia para futuras implementaciones en otros destinos turísticos.

La **aplicabilidad práctica de esta investigación se ejemplifica en el desarrollo de esta plataforma**, que permite a las DMOs analizar de manera continua y dinámica el contenido compartido en redes sociales para tomar decisiones informadas y ajustarse a las tendencias emergentes.

Esta tesis doctoral se basa en varios **marcos teóricos clave** que dan forma a su enfoque para analizar el contenido generado por el usuario (UGC) y su impacto en el marketing de destinos. El **modelo de Gartner de formación de la imagen de destino** sirve como marco fundamental para comprender cómo se configuran las percepciones de los turistas sobre un destino a través de diversas fuentes de información, incluido el UGC.

El modelo enfatiza el papel de las fuentes orgánicas e inducidas en la construcción de la imagen de un destino, guiando el análisis de cómo el contenido de las redes sociales influye en las impresiones de los turistas. Además, **la teoría de la comunicación** proporciona información sobre el proceso de transmisión de mensajes en las redes sociales, examinando cómo el contenido creado por turistas o personas influyentes funciona como un canal poderoso que configura la imagen del destino entre las audiencias. Esta teoría destaca la importancia de los componentes del mensaje, como el emisor, el tipo de contenido y el receptor, en la configuración de los resultados de *engagement*. **La teoría de las imágenes mentales** mejora aún más esta comprensión al explorar cómo el contenido visual estimula las simulaciones mentales, lo que permite a los espectadores formar representaciones vívidas y emocionales de un destino. Esta teoría respalda el enfoque de la tesis sobre el poder único de las imágenes, en particular las que transmiten emociones positivas, para evocar la empatía y la imaginación de los turistas, fortaleciendo así el *engagement*. Finalmente, **la teoría de la fuerza de los lazos débiles de Granovetter** se aplica para investigar el papel de los *influencers* en el marketing de destinos. Esta teoría postula que los "lazos débiles" (es decir, *influencers* con menos seguidores pero mayor autenticidad) pueden tener un efecto poderoso en la *engagement* de la audiencia y la difusión del mensaje, a menudo superando el impacto de los *influencers* con audiencias más grandes y menos comprometidas. Al integrar estas teorías, la tesis establece un marco integral que profundiza nuestra comprensión de cómo se pueden aprovechar los conocimientos impulsados por la IA sobre el UGC para mejorar las estrategias de marketing de destinos.

Figura 1. Plataforma Photo Data Tour Analytics

Los **hallazgos de esta tesis revelan que las emociones positivas compartidas en el UGC mejoran significativamente la imagen del destino e influyen en el** *engagement*. El contenido visual, en particular los *selfies* y las fotos grupales que transmiten **emociones positivas, surgieron como poderosos impulsores del** *engagement*. Esta perspectiva sugiere que las DMOs pueden optimizar sus estrategias de marketing al alentar a los turistas a compartir contenido auténtico y cargado de emociones que se alinee con la imagen de destino deseada. Además, **el análisis del impacto de los** *influencers* **sugiere que los** *micro influencers* (individuos con un número menor de seguidores pero más comprometidos) **son más eficaces a la hora de promover la imagen del destino**, desafiando el enfoque convencional en los *influencers* con audiencias más grandes. Estos conocimientos tienen varias implicaciones prácticas para las DMOs. La primera es **mejorar la gestión de la imagen del destino**. Al identificar los tipos de contenido que contribuyen positivamente a la imagen del destino, las DMOs pueden mejorar sus estrategias de marketing digital. Por ejemplo, pueden centrarse en promover tipos específicos de experiencias (por ejemplo, culturales o gastronómicas) que se sabe que generan altos niveles de *engagement*. La segunda es **orientar las estrategias de *engagement* utilizando *influencers***. La investigación sugiere que la colaboración con *microinfluencers* puede generar mayores tasas de *engagement* y una representación más auténtica del destino. Este hallazgo alienta a las DMOs a reconsiderar sus estrategias de marketing de *influencers*, cambiando hacia asociaciones que fomenten conexiones genuinas con el público objetivo. La última es **obtener información de marketing en tiempo real a través del monitoreo de UGC**. El marco desarrollado en esta tesis permite a las DMOs monitorear las plataformas de redes sociales para obtener información en tiempo real sobre el comportamiento y el sentimiento de los turistas. Esta capacidad en tiempo real es invaluable para responder rápidamente a las tendencias, crisis o cambios en el sentimiento de los turistas, lo que permite a las DMOs ajustar sus estrategias de manera dinámica.

Esta **tesis es innovadora en su aplicación de metodologías de IA y *big data* a un campo que tradicionalmente se ha basado en la investigación basada en encuestas y datos autoinformados**. Al utilizar el aprendizaje automático, el aprendizaje profundo y el *web scraping,* la investigación introduce un cambio de paradigma en la forma en que se analiza el contenido generado por los usuarios para el marketing turístico. Los conocimientos impulsados por la IA producidos por esta investigación ofrecen a las DMOs una ventaja competitiva para comprender e influir en el comportamiento de los turistas, mejorando su capacidad para crear estrategias de marketing específicas basadas en datos que resumen en los viajeros modernos. El impacto potencial de esta investigación se extiende más allá de las DMOs, ofreciendo información valiosa para académicos, formuladores de políticas y profesionales en los campos más amplios del marketing digital y la gestión del turismo. **Académicamente, la tesis proporciona un marco replicable que puede aplicarse a otros contextos turísticos o plataformas de redes sociales**, ampliando el alcance y la relevancia de las metodologías basadas en IA en la investigación de marketing. Para los responsables de las políticas, **las directrices éticas propuestas en esta investigación establecen una base para la adopción responsable de la IA en el turismo**, abordando las preocupaciones sobre la privacidad que son fundamentales a medida que la industria se vuelve cada vez más impulsada por los datos. Al cerrar la brecha entre la investigación teórica y la aplicación práctica, esta tesis contribuye al avance de la DMM, equipando a las partes interesadas con las herramientas para navegar en una era definida por la digitalización y la abundancia de datos. Los hallazgos subrayan el potencial del UGC y la IA como recursos transformadores en el turismo, empoderando a las OGD para comprender, atraer e involucrar mejor a los turistas a través de estrategias sofisticadas y éticamente fundamentadas. **Esta investigación encarna las cualidades que este premio busca reconocer**: originalidad, rigor, relevancia práctica e integridad ética. Su trabajo no solo hace avanzar el conocimiento académico en marketing, sino que también proporciona contribuciones significativas a los profesionales de la industria del turismo. Los resultados de la tesis ya se han publicado en revistas de alto impacto, como Journal of Destination Marketing & Management o Humanities and Social Sciences Communications. También ha recibido premios en congresos (por ejemplo, AIRSI, AIM). Además, esta tesis ha recibido reconocimiento internacional, como resultado de una estancia de investigación en Austria y una estancia en Zaragoza, con investigadores de gran prestigio (Roman Egger y Luis Casaló), por lo que **esta tesis ejemplifica la excelencia en la investigación y cumple con los criterios del premio al contribuir a la comprensión de las tendencias de marketing en la era digital del destino de León.**

Por último, **esta tesis doctoral merece ser galardonada con el XXIX Premio "Mariano Rodríguez"** para Jóvenes Investigadores en el área de **Ciencias Sociales y Humanidades** debido a su originalidad, relevancia social y contribuciones significativas al campo del marketing turístico y la gestión de destinos en la ciudad de León. **En primer lugar**, su aplicación directa a la ciudad de León como caso de estudio fortalece el vínculo entre la investigación académica y las necesidades prácticas de desarrollo turístico en la región. La tesis ofrece un modelo replicable para entender el comportamiento de turistas y residentes, proporcionando herramientas innovadoras para los gestores de marketing de destinos (DMOs) en la optimización de estrategias promocionales basadas en evidencia científica. **En segundo lugar**, el impacto social y económico de esta tesis es especialmente relevante para la provincia de León. El trabajo identifica cómo las emociones positivas y las publicaciones en redes sociales pueden influir en la percepción de la imagen del destino, facilitando el diseño de campañas de marketing más efectivas. Además, resalta el papel clave de *influencers*. Finalmente, esta tesis destaca por su rigor metodológico y sus implicaciones éticas. Plantea directrices claras para la gestión responsable de datos masivos y algoritmos de IA, contribuyendo al debate sobre el uso ético de la tecnología en la promoción turística. **La propuesta integra principios de sostenibilidad y responsabilidad social alineados con los Objetivos de**

Desarrollo Sostenible (ODS), en particular el ODS 12 (Producción y Consumo Responsables) y el ODS 4 (Educación de Calidad), en línea con los objetivos de la Fundación "Carolina Rodríguez". Por estas razones, esta memoria representa una contribución destacada al avance del conocimiento en las Ciencias Sociales y Humanidades, combinando innovación científica, aplicación práctica y compromiso ético. Su impacto académico, económico y social justifica plenamente su candidatura al XXIX Premio "Mariano Rodríguez" para Jóvenes Investigadores.

3. IMPLICACIONES PARA EL DESTINO DE LEÓN

La presente tesis doctoral aporta **importantes implicaciones para el desarrollo turístico de León**, posicionándola como un **destino innovador y competitivo en el ámbito del marketing digital**. Utilizando herramientas avanzadas de inteligencia artificial y big data, se **ha logrado identificar patrones de comportamiento, preferencias y emociones** expresadas por turistas y residentes en redes sociales, lo que facilita la toma de decisiones estratégicas basadas en datos.

En primer lugar, la investigación ha permitido **una segmentación precisa del mercado turístico en seis perfiles diferenciados** (aunque esta investigación no se muestra en esta memoria debido a las limitaciones de espacio): turistas de eventos, clásicos, culturales, gastronómicos, de compras y de lujo. Esta segmentación permite adaptar las estrategias promocionales a las expectativas y necesidades específicas de cada grupo, optimizando la oferta turística de la ciudad y aumentando la satisfacción del visitante. Además, se ha identificado que los puntos de interés más relevantes, como la Catedral de León, la Casa Botines y el Parador de San Marcos, generan mayor interacción y emociones positivas entre los visitantes. Sin embargo, también se han descubierto nuevos puntos emergentes con potencial turístico, lo que contribuye a diversificar la oferta y reducir la saturación en las áreas más concurridas. Este enfoque apoya la sostenibilidad del destino al distribuir de manera más equilibrada los flujos turísticos. Otro hallazgo clave es la efectividad de los *influencers*, especialmente los *nano-influencers*, para generar *engagement* auténtico. Estos hallazgos sugieren nuevas oportunidades para las campañas de marketing digital centradas en experiencias "instagrameables" y contenidos emocionales. La propuesta del "Pasaporte Fotográfico Leonés" destaca como una herramienta innovadora para promover la exploración del destino, aumentar la visibilidad digital y reforzar la conexión emocional con los visitantes. Finalmente, el desarrollo de la plataforma "Photo Data Tour Analytics" proporciona un sistema avanzado para analizar el comportamiento de los visitantes y medir el impacto de las campañas promocionales del destino de León.

4. ¿QUÉ HACES Y CON QUIÉN? ENTENDIENDO LA FELICIDAD EN LAS EXPERIENCIAS TURÍSTICAS LEONESAS

4.1. Introducción

La imagen del destino mostrada en las redes sociales por los usuarios es un concepto ampliamente analizado en las últimas décadas, dada su influencia en los turistas para generar el deseo de visitar, revisitar o recomendar un destino (Araujo-Batlle et al., 2023). La imagen del destino se compone de las características que hacen que un lugar sea atractivo y distintivo. Uno de los modelos más aceptados es el modelo de Gartner (1994) en el que se incluyen factores cognitivos y afectivos (Garay, 2019). Los atributos cognitivos de la imagen del destino son los que representan la racionalidad, como los recursos turísticos, mientras que los atributos afectivos son los basados en aspectos emocionales, como la felicidad (Garay, 2019; Araujo-Batlle et al., 2023). Hoy en día, la imagen del destino y sus dos componentes cognitivos y afectivos se crean no solo a partir de los contenidos generados por los gestores de destinos (DMO), sino que, gracias a las redes sociales, los usuarios también contribuyen a la creación de esta imagen publicando contenidos que narran sus experiencias con elementos racionales y emocionales añadidos (Filieri et al., 2021; Chuang, 2023).

Los turistas viajan para aumentar su bienestar, es decir, para maximizar la recompensa relacionada con la búsqueda de placer y nuevas sensaciones (Fodness, 1994). Además, cada vez hay más nuevos tipos de experiencias y comportamientos de los clientes (Cuesta-Valiño et al., 2023b), y estos clientes están acostumbrados a expresar estos sentimientos en línea a través de plataformas como las redes sociales; por lo tanto, este contenido generado por los turistas no es solo una salida para que los turistas expresen su satisfacción, sino que también es una fuente importante de información para la investigación sobre las emociones de los turistas (Jin et al., 2020; Zhang et al., 2023). Este tipo de contenidos son consumidos por otros usuarios, como potenciales visitantes, que se ven afectados por sus características, percibiendo en mayor o menor medida las emociones expresadas por los turistas durante sus experiencias.

Contribuyendo a la imagen del destino, cada vez más turistas demuestran sus sentimientos a través de fotos, textos y hashtags compartidos en las redes sociales, pero aún existe una escasez en la literatura sobre cómo los viajeros exteriorizan estos sentimientos, en su mayoría positivos, a través de este tipo de plataformas (Mak, 2017; Filieri et al., 2021). Si bien la era digital presenta muchas oportunidades para las empresas y destinos que buscan comunicar y vender sus productos (Cuesta-Valiño et al., 2022), esto es algo inexplorado en las redes sociales hedónicas como Instagram, donde las emociones positivas han demostrado ser variables útiles que permiten a los investigadores comprender las experiencias de los usuarios a través de la tecnología (Casaló et al., 2017; Casaló et al., 2021).

Además del elemento emocional generado durante una experiencia turística positiva, otros elementos centrales son la socialización, y el contexto o entorno (Coelho et al., 2018). La socialización denota la interacción interpersonal entre compañeros de viaje, otros turistas e incluso lugareños, dando lugar a la intimidad entre las personas e incidiendo directamente en las intenciones de los turistas de volver a visitar el destino y promocionarlo a través del boca a boca (eWOM) (Triantafillidou y Petala, 2016). Las actividades intrapersonales, como hablar o establecer relaciones con otras personas, conducen a la activación de emociones positivas (Gao y Kerstetter, 2018). Debido a esto, se considera ampliamente que los turistas disfrutan socializando con otras personas, porque esto genera una sensación de satisfacción y mejora su experiencia (Sarkar y George, 2018), pero sigue sin estar claro en la literatura cómo el individualismo o la sociabilidad de cada persona pueden afectar sus emociones durante su viaje turístico, dependiendo de sus acompañantes.

Además de ser una actividad social por naturaleza, el turismo también se asocia directamente con el narcisismo, un aspecto que, junto con las redes sociales, ha sido analizado por diferentes autores (Casale y Banchi, 2020; Araujo-Batlle et al., 2023). Existe una tendencia creciente a capturarse en fotos mientras se viaja, excluyendo otros elementos del destino, como monumentos, museos y otros puntos de interés culturales (Christou et al., 2020). En la última década, los *selfies* han tomado un papel central en el contexto de los viajes y el turismo, vinculando cada vez más el viaje turístico con una experiencia narcisista acentuada a través de la autorrepresentación en las redes sociales (Canavan, 2017). Un *selfie* es una foto de uno mismo, generalmente tomada desde un teléfono inteligente y generalmente cargada en una plataforma de redes sociales (Barry et al., 2019). Los turistas que se hacen *selfies* lo hacen cuando se sienten bien, es decir, cuando están experimentando emociones positivas como la alegría y la felicidad, y comparten esta felicidad en las redes sociales con el fin de comunicar su experiencia personal a los demás (Ghouse et al., 2022), independientemente del género y la edad (Christou et al., 2020).

Por último, los turistas involucrados con el destino hacen uso de las redes sociales y las fotos para expresar su actitud hacia el destino (Cuesta-Valiño et al., 2023), que en el caso específico de Instagram involucra fotos, textos y hashtags, vinculando la cantidad de hashtags, la cantidad de texto y una mayor polaridad del texto expresado en las publicaciones con una mayor implicación con el destino (Filieri et al., 2021; Wang et al., 2022). La red social Instagram y un destino cultural y gastronómico de interior han sido elegidos como escenario de investigación. Instagram es la principal plataforma de redes sociales para fotos turísticas en las que los usuarios comparten sus experiencias, y otros potenciales turistas recurren a este contenido en busca de inspiración antes de sus propios viajes, lo que la convierte en la plataforma más influyente (Weiler et al., 2021; Arival, 2023).

El destino elegido, León ciudad, pertenece a una de las rutas del *Camino de Santiago de Compostela*, un bien cultural incluido en la Lista del Patrimonio Mundial de la UNESCO en 1993 (UNESCO, 2023). Los destinos de turismo cultural deben ser analizados con mayor profundidad, dado que según la Organización de Turismo (OMT). Es el tipo de turismo internacional más importante y representa más del 39% de las llegadas de turistas (Richards, 2018), lo que equivale a 273 millones de visitas entre enero y julio de 2023 (OMT, 2023). Además, según el Informe de la *OMT sobre las sinergias entre el turismo y la cultura* (2018), el 89% de los Estados Miembros de la OMT afirmaron que el turismo cultural formaba parte de su política turística y que esperaban un mayor crecimiento del turismo cultural.

Dado que esta investigación se centra en explorar las emociones positivas que los usuarios comparten en Instagram, se comenzó a analizar todas las publicaciones compartidas en el destino desde el año 2010 hasta el año 2022 (inclusive), con casi 140.000 publicaciones de Instagram en el destino (139.273 válidas), por turistas, empresas y residentes. Para entender el comportamiento de los turistas en esta red social, es necesario un filtrado previo de las publicaciones para obtener contenido compartido únicamente por turistas. Este filtrado nos permitió finalmente analizar 39.235 publicaciones compuestas por fotos, textos y metadatos. Se adoptó un enfoque de métodos mixtos que combina tres análisis previos al análisis estadístico a través de técnicas de inteligencia artificial: análisis del contenido visual, es decir, las fotos, a través de la técnica de aprendizaje profundo, obteniendo diferentes características visuales como el número de personas en cada foto, su género y la emoción que siente cada una; un análisis del contenido textual, es decir, los textos que acompañan a las fotos, utilizando la técnica de *machine learning* que ha permitido extraer diferentes variables del texto, como la polaridad del texto y la implicación del usuario con el destino a través del número de hashtags y la longitud de su texto; y por último un análisis de los metadatos, como la fecha de publicación o los usuarios anónimos vinculados a una identificación imaginaria, que permite descifrar el comportamiento de los turistas. Este tipo de abordaje permitió obtener una comprensión integral del tema de investigación (Filieri et al., 2021). Este estudio amplía la profundidad y magnitud de las investigaciones mediante la aplicación de técnicas de inteligencia artificial junto con la triangulación de diferentes tipos de datos, como en este caso el uso de imágenes, textos y metadatos de publicaciones de Instagram de forma simultánea (Filieri et al., 2021).

El objetivo de esta investigación es brindar claridad sobre qué es lo que genera disfrute en los turistas cuando visitan un destino, y cómo lo comparten con su comunidad a través de las redes sociales, para ayudar a las DMOs a definir mejor sus objetivos, estrategias de marketing y destinos. Por lo tanto, esta investigación tiene como objetivo resolver tres preguntas principales de investigación:

PI1. ¿Cómo expresan los usuarios de Instagram su felicidad a través de contenido visual y textual en sus publicaciones?;

PI2. Más concretamente, ¿esta felicidad se ve afectada por su nivel de socialización y narcisismo durante el viaje? ¿Esta felicidad se refleja en su nivel de implicación con el destino?;

PI3. Por último, ¿los turistas individualistas se comportan igual que los turistas más sociables?

Respondiendo a estas preguntas, contribuimos al campo de la investigación del consumidor de varias maneras. En primer lugar, los hallazgos de esta investigación proporcionan a las OGD información valiosa, permitiéndoles identificar los atributos más representativos en las publicaciones de Instagram que generan emociones más positivas en el destino. Saber si los turistas sienten placer permitirá a los gestores planificar con antelación, ya que este sentimiento implica una intención de volver, y la generación de eWOM positivo sobre el destino puede atraer a más turistas (Reitsamer & Brunner-Sperdin, 2017).

En segundo lugar, existe evidencia sobre cómo el bienestar de los turistas actúa como fuerza impulsora en sus intenciones e implicación con el destino, lo que lleva a una mayor generación de contenido positivo en las redes sociales, lo que influirá en el comportamiento de los futuros turistas (Filieri et al., 2021).

En tercer lugar, este trabajo amplía la comprensión de las emociones positivas en las experiencias turísticas, ilustrando específicamente cómo estas emociones están acompañadas de diferentes atributos visuales, como la socialización o el narcisismo turístico expresado por los turistas en sus publicaciones en las redes sociales, que construyen la imagen del destino. En cuarto lugar, también presentamos un método escalable para analizar grandes conjuntos de datos mediante métodos mixtos y técnicas de inteligencia artificial que nos ayuda a aplicar un análisis de contenido que nos permite extraer el tipo de contenido de cada publicación (Thongmak, 2022).

Por último, esta investigación ofrece una metodología robusta para comprender mejor cómo las OGD pueden medir la satisfacción y el comportamiento de los turistas, y determinar qué factores influyen en la felicidad de los turistas.

Esta investigación da respuesta a la brecha de investigación 3 de la tesis doctoral, "comprensión de las experiencias de los turistas en el destino a través de las emociones compartidas en sus publicaciones en plataformas de redes sociales", que desarrolla los objetivos:

- **Objetivo 6**: evaluar la relevancia del acompañamiento de otras personas durante la experiencia turística y el comportamiento narcisista de las personas.

- **Objetivo 7**: evaluar la relevancia de las actividades realizadas durante la experiencia turística.

La siguiente sección proporciona el marco teórico de este trabajo, seguido de la aplicación de métodos mixtos y técnicas de inteligencia artificial, previo al análisis estadístico propuesto para demostrar la relación causal entre la felicidad de los turistas y las variables independientes. Por último, este artículo ofrece una discusión, seguida de varias implicaciones académicas y prácticas de los hallazgos y futuras direcciones de investigación.

4.2. Revisión de la literatura

Emociones positivas, experiencia turística e Instagram

A través de sus campañas, la industria turística promueve experiencias positivas llenas de escenas alegres y felices. La felicidad es un tema central para cualquier persona, ya que es el principal estado al que aspira cualquier individuo. Además, la felicidad se expresa cuando los turistas tienen una actitud favorable hacia el destino, y esto se transforma en WOM o recomendaciones para estrategias de marketing. A su vez, estos sentimientos son idealizados, reforzados y reproducidos por los propios turistas en sus escenas fotográficas de vacaciones (Heimtun y Jordan, 2011), que en estos días comparten con su comunidad en las redes sociales (Chen et al., 2023), en lugar de guardarlos en un álbum de fotos personal.

Dos emociones universales en el ámbito de las experiencias turísticas son el placer y la felicidad; Ciertas actividades festivas crean diversión y entretenimiento, generando alegría y satisfacción (Cuesta-Valiño et al., 2020). El placer, entendido como un evento emocional temporal, no es lo mismo que la felicidad, pero los dos están estrechamente relacionados. La primera está motivada por circunstancias externas en un lugar o momento específico, mientras que la felicidad es constante y está relacionada con un estado de plenitud interior (Filieri et al., 2021). Ambos revelan el estado emocional positivo que sienten los turistas durante un momento de su viaje, por ejemplo, las sonrisas que los viajeros muestran en las fotos que comparten en Instagram. Este sentimiento positivo también se expresa con palabras en los textos que acompañan a estas publicaciones, a través de la polaridad de las descripciones, hashtags y emojis vinculados a sentimientos positivos como la felicidad, el entusiasmo, la alegría, el disfrute y el placer (Filieri et al., 2021; Wang et al., 2022; Chen et al., 2023).

En concreto, la polaridad se extrae a través del análisis de sentimientos, un análisis que nos permite conocer los pensamientos, sentimientos y deseos de los usuarios a través de sus comentarios en las redes sociales. El análisis de la polaridad (generalmente medido entre -1 y 1, siendo este último el máximo positividad) ha sido ampliamente abordado en la literatura para determinar la satisfacción del usuario (Hemmatian y Sohrabi, 2019; Karayiğit et al., 2021; Chen et al., 2023). Sin embargo, en un entorno de redes sociales muy visual, como Instagram, y en un contexto turístico, la satisfacción no puede expresarse simplemente en el texto creado por el usuario, sino que esta felicidad puede revelarse en las fotos que los turistas toman en el destino. Estas dos variables están estrechamente relacionadas, pero no miden lo mismo. Mientras que el texto permite conocer la opinión escrita y reflejada del turista después de la experiencia, la emoción transmitida en la fotografía permite conocer la felicidad que se siente en el momento en que se toma la foto, es decir, mientras se está viviendo la experiencia turística. La foto refleja la realidad, que puede ser expresada y elaborada en un texto.

El impulso de compartir contenido de viaje se intensifica después de una experiencia satisfactoria y positiva en el destino, lo que hace que un vínculo emocional con el destino se convierta en un eWOM positivo que puede influir en las actitudes de otros turistas potenciales y actuales (Aro et al., 2018; Lund et al. 2018; Filieri et al., 2021). Por esta razón, aunque las experiencias turísticas son subjetivas, intangibles y difíciles de captar en su esencia, el sector turístico trata de entender las experiencias de los turistas y utilizarlas como herramienta de diferenciación frente a otros destinos (Coelho et al., 2018), porque cuando se produce una conexión emocional, es más probable que otros turistas recuerden la marca del destino (Cuesta-Valiño et al., 2021). Además, cuando el consumidor responde favorablemente a los estímulos, como puntos de interés turístico, la marca del destino se ve impactada positivamente (Gutiérrez-Rodríguez et al., 2017). Sin embargo, el análisis de los sentimientos positivos generados durante la experiencia turística ha recibido poca atención en la investigación, por lo que es vital abordar este tema (Kladou y Mavragani, 2015; Oliveira y Panyik, 2015; Aro et al., 2018; Filieri et al., 2021). En cambio, la investigación existente se ha centrado en otros aspectos como el análisis de la felicidad adquirida después del viaje (Huang et al., 2019) o las emociones que se generan durante los anuncios publicitarios utilizando tecnologías como el neuromarketing (Costa-Feito et al., 2023), pero no ha rastreado el disfrute de los turistas a lo largo de su experiencia vacacional, ya que las investigaciones existentes se han centrado más en el análisis de la felicidad una vez finalizado el viaje, pero no mientras lo experimentan.

Algunos estudios han analizado los vínculos emocionales entre las personas y los recursos turísticos (Pan et al., 2014; Cheng y Kuo, 2015) o cómo los usuarios de Instagram expresan su amor por una marca de destino en sus publicaciones (Filieri et al., 2021), pero se ha prestado poca atención a cómo los turistas articulan y expresan sus emociones en las plataformas de redes sociales, específicamente Instagram, a través de imágenes y textos que inmortalizan y comparten mientras tienen una experiencia positiva.

Los turistas están familiarizados con expresar su felicidad y bienestar en las plataformas digitales, por lo tanto, no solo este tipo de contenido es importante para que los turistas expresen sus emociones, sino que estos datos también son una fuente de información vital para la investigación académica. Esta fuente no ha sido explotada hasta ahora lo suficiente (Zhang et al., 2023), ya que permite entender el comportamiento de los turistas y qué implicaciones tiene esto para los gestores turísticos y su toma de decisiones. Por esta razón, este estudio considera las emociones positivas como una variable central que rodea toda la experiencia del turista e investiga los factores que pueden afectar la generación de este sentimiento positivo, detallados a continuación. Por lo tanto, se plantea la siguiente hipótesis:

H1. La polaridad expresada en el texto de un post turístico tiene una relación directa y positiva con las emociones positivas expresadas por las personas que aparecen en la imagen adjunta.

Implicación durante una experiencia turística positiva

Los turistas utilizan el contenido de las redes sociales para expresar su implicación con el destino, lo que en Instagram significa fotos, textos y hashtags (Filieri et al., 2021). En concreto, los hashtags son especialmente relevantes en Instagram, ya que se centran en conectar a personas con los mismos intereses (Mele et al., 2023). Una forma en que los usuarios comparten su contenido con otros usuarios es seleccionando hashtags que mejor conecten con el contenido que desean compartir, ya que estos hashtags se convierten en un enlace directo a otro contenido público similar que otros usuarios pueden ver (Palazzo et al., 2021). Por este motivo, se considera que el uso de uno o varios hashtags concretos indica el grado de implicación que tiene el turista con el destino, siendo los hashtags los que lo revelan incluso más que los *likes* o los comentarios (Filieri et al., 2021).

Del mismo modo, la longitud de los textos vinculados al hashtag depende del nivel de implicación del individuo con la escena fotografiada, donde cuanto más largo sea el texto, mayor será el nivel de implicación con el destino (o con el punto de interés turístico) (Wang et al., 2022). Otros autores consideran que la profundidad y amplitud del contenido revelan la implicación del turista con el destino y refuerzan su objetivo, que en el caso de Instagram es reforzar la autoimagen transmitida a través del texto (Qazi et al., 2016; Leung, 2021). Sin embargo, no se ha investigado lo suficiente sobre el tipo de contenido turístico, ya que la importancia que se le atribuye varía, dependiendo de lo que se esté viviendo.

Para iluminar cómo los turistas transmiten su experiencia a través del texto, se propone que existe una relación directa entre la intensidad de la emoción sentida, la cantidad de texto y el número de hashtags que publican junto con sus fotos. Por lo tanto, se plantean las siguientes hipótesis:

H2. El número de hashtags incluidos en el texto de una publicación turística tiene una relación directa y positiva con las emociones positivas expresadas por las personas que aparecen en la imagen adjunta.

H3. La longitud del texto de un post turístico tiene una relación directa y positiva con las emociones positivas expresadas por las personas que aparecen en la imagen adjunta.

Narcisismo durante una experiencia turística positiva: selfies

Tal vez ningún aspecto de las redes sociales y el contenido generado por turistas haya impactado más a la industria de viajes y turismo que el fenómeno de las *selfies* (Taylor, 2020). En cualquier destino turístico, los turistas tienen una gran motivación para buscar los *selfies* más representativos de su disfrute en ese momento; Por este motivo, los especialistas en marketing turístico tratan de promover "momentos *selfie*" en determinados puntos de interés turístico que potencien el efecto viral, y ayuden al posicionamiento de los destinos con el objetivo de aumentar el número de visitantes (Taylor, 2020).

La industria del turismo se ha transformado por el impulso de las *selfies*, por lo que es importante comprender las motivaciones de los turistas para compartir sus experiencias de viaje a través de *selfies* en las plataformas de redes sociales, ya que estas motivaciones pueden proporcionar una ventaja competitiva sobre otros destinos (Taylor, 2020). Y el mejor lugar para analizar estas motivaciones es en Instagram, la principal plataforma utilizada para la autopresentación (Keerakiatwong et al., 2023).

El narcisismo, particularmente en el contexto de las redes sociales, se ha asociado estrechamente con el comportamiento de tomar y publicar *selfies*. El narcisismo se caracteriza por una preocupación excesiva por uno mismo y un deseo de admiración por parte de los demás, a menudo manifestado a través de comportamientos que buscan atención y validación, como la publicación frecuente de *selfies*. Weiser (2015) encuentra que las facetas del narcisismo se asocian positivamente con la frecuencia de publicar *selfies* en las plataformas de redes sociales. Semejantemente Bhachech (2021) Los informes informan que el comportamiento de tomar *selfies* está estrechamente relacionado con altos niveles de narcisismo entre los adultos jóvenes, con una proporción significativa que exhibe tendencias narcisistas en asociación con sus hábitos de toma de *selfies*. Además, la relación entre el narcisismo y el comportamiento de publicación de *selfies* está moderada por la autoestima, lo que indica que las personas con una autoestima más baja o promedio son más propensas a exhibir comportamientos narcisistas a través de las *selfies* (March y McBean, 2018). En términos de turismo, Christou et al. (2020) mostró que los turistas generalmente se toman *selfies* cuando se sienten bien y experimentan emociones positivas como alegría y felicidad. Publicarlas contribuye a mejorar los objetivos de las DMO y se vuelve viral más rápidamente, pero todavía hay poco conocimiento sobre lo que impulsa a los turistas a tomar fotos *selfie*.

Por lo tanto, esta investigación propone que existe una relación entre la intensidad de las emociones de los turistas en sus fotos y el formato de la imagen en sí (es decir, *selfie*). Por lo tanto, se plantea la hipótesis de lo siguiente:

H4. El narcisismo de los turistas expresado en sus fotos en formato *selfie* en una publicación en las redes sociales tiene una relación directa y positiva con las emociones positivas expresadas por las personas en la imagen.

La socialización y la diversidad de género durante una experiencia turística

Socialización y aspectos de género durante una experiencia turística positiva

La experiencia turística se compone de tres dimensiones principales: el contexto o entorno de la experiencia, la emoción que se siente durante la experiencia y, finalmente, con quién se experimenta (Coelho et al., 2018). Por lo tanto, a la hora de analizar la experiencia turística, no se puede ignorar el componente social (Triantafillidou y Petala, 2016). Esto normalmente se refiere a las relaciones sociales que los turistas tienen durante su experiencia, es decir, disfrutar de la compañía de otros que pertenecen al grupo, un buen ambiente grupal y los miembros del grupo interactuando entre sí. A los turistas generalmente les gusta socializar porque su experiencia ha mejorado (Kim y Kim, 2018; Sarkar y George, 2018) gracias a la activación de sus emociones positivas (Gao y Kerstetter, 2018). Por lo tanto, se plantea la siguiente hipótesis:

H5. El reflejo de la socialización en la imagen de un puesto turístico tiene una relación directa y positiva con las emociones positivas expresadas por las personas en la imagen.

Para generar un buen ambiente dentro de un grupo de visitantes, es necesario tener en cuenta los gustos, expectativas y preferencias de los individuos (Contreras-Contreras et al., 2023). Junek, Binney y Winn (2006) concluyeron en su investigación que los gustos y preferencias difieren entre hombres y mujeres. El género influye en la toma de decisiones de las personas sobre qué actividades de ocio elegir, por lo que los turistas prefieren compartir su experiencia con personas con los mismos gustos (Li et al., 2011). Estas diferencias de género pueden crear conflictos entre los viajeros y sus acompañantes, generando emociones negativas como el miedo, la tensión o la ira, acentuadas cuando los acompañantes son de diferentes géneros (Heimtun y Jordan, 2011). Además Collins y Tisdell (2002) descubrió que las mujeres tienden a viajar más por placer, mientras que los hombres viajan más por eventos relacionados con el trabajo, por lo que las mujeres que quieren viajar sin su familia o pareja, pero no solas, a menudo viajan en grupos exclusivamente femeninos (Junek et al., 2006).

Las investigaciones han demostrado que las emociones positivas a menudo se intensifican en entornos grupales debido a las interacciones sociales y las experiencias compartidas. Por ejemplo, las emociones positivas pueden fomentar la sincronización espontánea en las actividades grupales, lo que sugiere que estar en un grupo puede mejorar la experiencia emocional positiva en general (Smykovskyi et al., 2022). Semejantemente Su et al. (2021) Demostrar que los grupos más grandes en entornos sociales tienden a provocar emociones más positivas, ya que el apoyo social y las interacciones dentro del grupo mejoran la felicidad y el disfrute general.

Porque los gustos de hombres y mujeres difieren (Pequeño, 2002), se propone que la intensidad de los sentimientos positivos se intensificará cuando el número de mujeres u hombres sea mayoría, es decir, cuando haya un mayor número de mujeres en una foto, o un mayor número de hombres, por separado. De hecho, se cree que el género está relacionado con el número de personas y las emociones expresadas en ellas, se sugiere que las mujeres dan más importancia a la relación con los demás que los hombres, por lo que las fotos de Instagram con más mujeres reflejarían esta evidencia. Y dado que las mujeres son más susceptibles al contagio de las emociones que los hombres (Kim y Kim, 2018), se plantean las siguientes hipótesis:

H6. El número de personas en una imagen turística tiene una relación directa y positiva con las emociones positivas expresadas por las personas que aparecen en la imagen.

H7. La diversidad de género en una imagen tiene una relación directa y positiva con las emociones positivas expresadas por las personas que aparecen en la imagen.

Turistas colectivistas o individualistas

Aunque la socialización es un factor crucial en los viajes turísticos, también hay turistas que prefieren disfrutar de su tiempo de ocio solos, se les conoce como viajeros en solitario (Ghadban et al., 2023). El efecto moderador del colectivismo ya se ha explorado en contextos turísticos a través de la cultura, la comprensión de los patrones de los turistas colectivistas frente a los individualistas es cada vez más importante para el marketing del destino (Han et al., 2017; Khan y Fatma, 2021). La presente investigación profundiza en esta moderación a través del comportamiento mostrado en las redes sociales y propone que los turistas considerados más sociables ven reforzada la intensidad de sus emociones en los viajes con más personas, a diferencia de los viajeros solos. Se sabe que el número de rostros en las fotos y las emociones expresadas en los rostros difieren según la personalidad del usuario. Los usuarios extrovertidos y sociables son más propensos a interactuar con más personas y, por lo tanto, tienen más rostros en sus fotos de Instagram, lo que expresa más felicidad (Kim y Kim, 2018), pero poco se sabe sobre si el colectivismo puede afectar la emoción mostrada.

El colectivismo se refiere al valor cultural que prioriza la cohesión grupal y la interdependencia sobre el individualismo. En las culturas colectivistas, los individuos tienden a trabajar juntos en armonía, y las actividades sociales a menudo están orientadas al grupo. Esta orientación cultural puede tener un impacto significativo en la forma en que se experimentan y expresan las emociones positivas en los entornos sociales. Por ejemplo, en el turismo, las fotos que reflejan los valores colectivistas pueden mostrar grupos más grandes y emociones positivas más pronunciadas debido al disfrute colectivo y las experiencias compartidas. Triandis (2001) Analiza cómo las culturas colectivistas enfatizan la cohesión grupal y la interdependencia, lo que conduce a mayores emociones positivas cuando los individuos están en entornos grupales. Semejantemente Hofstede (1984) encontró que en las culturas colectivistas, la armonía social y las necesidades del grupo se priorizan sobre los deseos individuales, lo que puede conducir a una mayor satisfacción general y experiencias emocionales positivas en contextos grupales.

Por lo tanto, se plantea la siguiente hipótesis:

H8. La naturaleza colectivista o individualista del turista modera el efecto que el contexto de socialización **(a)**, el número de personas **(b)** y el porcentaje de mujeres en el grupo de viaje **(c)** tienen sobre las emociones positivas expresadas en la foto.

4.3. Desarrollo del modelo conceptual

El marco conceptual de nuestro estudio se presenta en la **Figura 2**, resumiendo las principales variables analizadas en este estudio a través de un modelo que incluye todas las hipótesis de investigación.

Figura 2. Modelo conceptual global

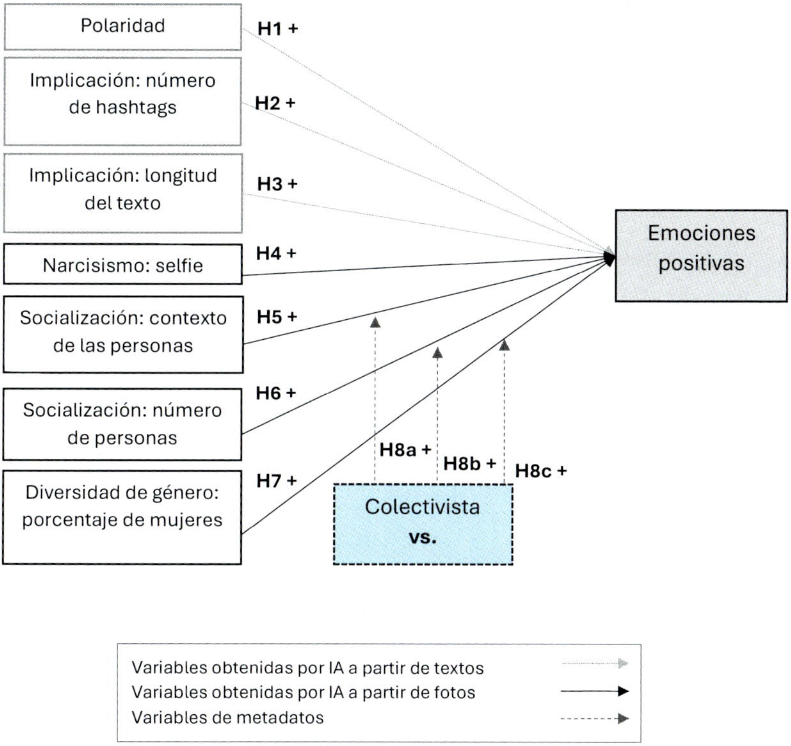

4.4. METODOLOGÍA

Análisis de la experiencia turística en Instagram con big data

Hace una década, las principales metodologías utilizadas en la investigación de experiencias turísticas se clasificaban en métodos cuantitativos, métodos cualitativos y estudios de caso (Lugosi y Muros, 2013). Con la llegada del *big data*, las nuevas tecnologías y metodologías han cambiado el panorama científico, permitiendo así el avance de la ciencia mediante el uso de nuevos tipos de datos distintos a los obtenidos a través de las clásicas encuestas o entrevistas en profundidad, y permitiendo a los investigadores analizar las experiencias turísticas desde una perspectiva más ligada al comportamiento real que a la intención de un comportamiento concreto (Blanco-Moreno et al., 2023).

Tecnologías como el *web scraping* han permitido la recopilación de grandes cantidades de datos (Balomenou y Garrod, 2019; Deng y Liu, 2021), gracias a la automatización de la descarga que permite una reducción de tiempo (Reif y Schmücker, 2020; Arefieva et al., 2021; Hauser et al., 2022; Zuo et al., 2023).

Hoy en día existen datos que ofrecen información como la ubicación e información textual o visual, que permite a las organizaciones turísticas y destinos mejorar sus ofertas y entender mejor las preferencias y necesidades de los clientes (Pachni-Tsitiridou y Fouskas, 2023). A pesar de que las nuevas tecnologías se presentan como una oportunidad para resolver retos en la investigación de las experiencias turísticas, aún faltan estudios. Estas nuevas tecnologías han permitido analizar el movimiento turístico en las plataformas de redes sociales (Zenker et al., 2017; Deng y Liu, 2021; Zhong et al. 2022; Zuo et al., 2023), y han ayudado a entender qué tipo de contenido comparten los turistas en sus redes sociales (Lee y Kim, 2020; Arefieva et al., 2021; Hauser et al., 2022), pero por el momento hay poca investigación en relación a las emociones que generan los turistas durante sus viajes (Mak, 2017; Filieri et al., 2021).

En esta era del *big data*, las publicaciones que los viajeros comparten sobre sus experiencias turísticas se están convirtiendo en una fuente de análisis muy relevante, ya que están directamente vinculadas a la imagen del destino que reciben otros potenciales viajeros (Deng y Liu, 2021). Para profundizar en la investigación sobre las emociones positivas durante los viajes, Instagram se posiciona como la mejor plataforma de recopilación de datos de viajeros, ya que estas emociones se revelan tanto en las fotos compartidas por estos viajeros, como en los textos y hashtags vinculados a ellas. Instagram es una plataforma de redes sociales que proporciona grandes cantidades de datos que pueden ser muy valiosos para la investigación científica, como fotos y textos, y metadatos como datos de fecha, ubicación y *engagement* asociados a cada publicación. Estos datos permiten impulsar el cambio de paradigma que necesita la academia, mediante el uso de enfoques novedosos como los métodos mixtos que utilizan la triangulación de datos obtenidos de diferentes fuentes (Filieri et al., 2021) y análisis de contenido visual, contenido textual y metadatos a través de técnicas de inteligencia artificial (Volo e Irimiás, 2021). De hecho, el informe *El viajero de experiencias 2023* mostró cómo las redes sociales como Instagram son una fuente consolidada que los consumidores utilizan para investigar e inspirarse a la hora de planificar sus próximos viajes (Arival, 2023). En concreto, este informe concluye que Instagram es actualmente la plataforma más influyente para aquellos que buscan nuevas ideas sobre qué hacer mientras se viaja, ya que ofrece un contenido visual fácil de interpretar y menos engorroso que leer largas reseñas en TripAdvisor (Arival, 2023). Estos resultados están alineados con la literatura científica sobre la publicación de experiencias turísticas en redes sociales (Weiler et al., 2021; Arival, 2023).

En cuanto a las preferencias de los usuarios, la principal plataforma en la que compartir experiencias turísticas también es Instagram. Cuenta con 1.300 millones de usuarios y genera millones de fotos y vídeos al día (DataReportal, 2023), en concreto más de 130.000 publicaciones diarias relacionadas con el hashtag *#travel* (Instagram, 2023), e Instagram es bien conocido por su creatividad y singularidad (Ballester et al., 2023). A pesar de ser una herramienta de marketing crucial para la gestión de imágenes objetivo, Instagram y el análisis de sus imágenes han sido poco utilizados por la investigación académica (Hauser et al., 2022). Por lo tanto, como una de las plataformas de contenido generado por turistas más populares y recientes en el turismo digital (Yu et al., 2020), Instagram ha sido elegida como la plataforma central de redes sociales para este estudio.

Toma de muestras y procedimiento de muestreo

Para indagar cómo las emociones positivas que los turistas expresan en sus contenidos compartidos en Instagram se relacionan con diferentes elementos del viaje turístico, esta investigación se basa en el pluralismo metodológico. El análisis holístico de las experiencias de los destinos es un reto para la ciencia, es por ello que esta investigación implementó diferentes técnicas y metodologías en fases consecutivas, descritas con mayor profundidad a continuación: descarga de datos de publicaciones de Instagram (**primera fase**) a través de *web scraping*; estructuración y limpieza de la base de datos hasta la obtención de los puestos turísticos (**segunda fase**) a través de Excel; analizar datos textuales de publicaciones de Instagram (**tercera fase**) a través del aprendizaje automático; analizar fotos de Instagram (**cuarta fase**) a través del aprendizaje profundo; agrupar las fotos en función de su elemento principal (**quinta fase**) a través de la minería de textos; clasificar a los turistas en colectivistas e individualistas (**sexta fase**) a través de Excel; y finalmente el análisis estadístico final (**séptima fase**) a través de regresiones. El procedimiento de investigación se presenta en la **Figura 3**.

Fase 1. Desarrollo de bases de datos con técnica de web scraping

La primera fase es la creación de la base de datos mediante la técnica de *web scraping*. Esta técnica ha crecido rápidamente en las disciplinas del marketing y el turismo, consistiendo en extraer datos de las páginas web de forma organizada y automatizada (Yu y Egger, 2021), como la fecha, el identificador anónimo del usuario, la imagen, el texto, los Me gusta y los comentarios, y la ubicación de la publicación. El *web scraping* tiene tres ventajas principales. La primera, como se mencionó anteriormente, es que permite la descarga automatizada, estructurada y rápida de datos incrustados en páginas web, como Instagram. La segunda es que permite obtener cualquier tipo de datos en Instagram, como textos, fotos y metadatos. La última ventaja es que estos datos se pueden obtener de forma anónima, lo que permite cumplir con la Ley Europea de Protección de Datos y Ética durante la construcción de la base de datos (Hauer, 2022). Tras la implementación del modelo de *web scraping*, se obtuvieron casi 140.000 publicaciones de Instagram (139.273 válidas), con sus correspondientes textos, fotos y metadatos (identificador de usuario anónimo y numérico, ubicación y fecha de publicación) de 43.000 usuarios que publicaron su contenido en 245 localizaciones diferentes del destino.

Fase 2. Clasificación y distinción entre turistas y residentes

Dado que esta investigación se centra en el contenido compartido únicamente por los turistas durante sus viajes, fue necesario filtrar la base de datos antes del análisis, con el fin de distinguir entre turistas y residentes. Por lo general, es difícil saber si una foto compartida por un usuario pertenece a un turista o a un residente. Para ello, sería necesario acudir a su perfil personal e intentar identificar su origen a simple vista, pero cuando hay una gran cantidad de datos, esta tarea puede ser más sencilla.

Esta investigación se basa en publicaciones turísticas publicadas desde el origen de Instagram en 2010 hasta 2022, y cada publicación está asociada a un usuario con un identificador único y anónimo que permite seguir la evolución de las fotos publicadas en el destino.

Figura 3. Procedimiento de investigación

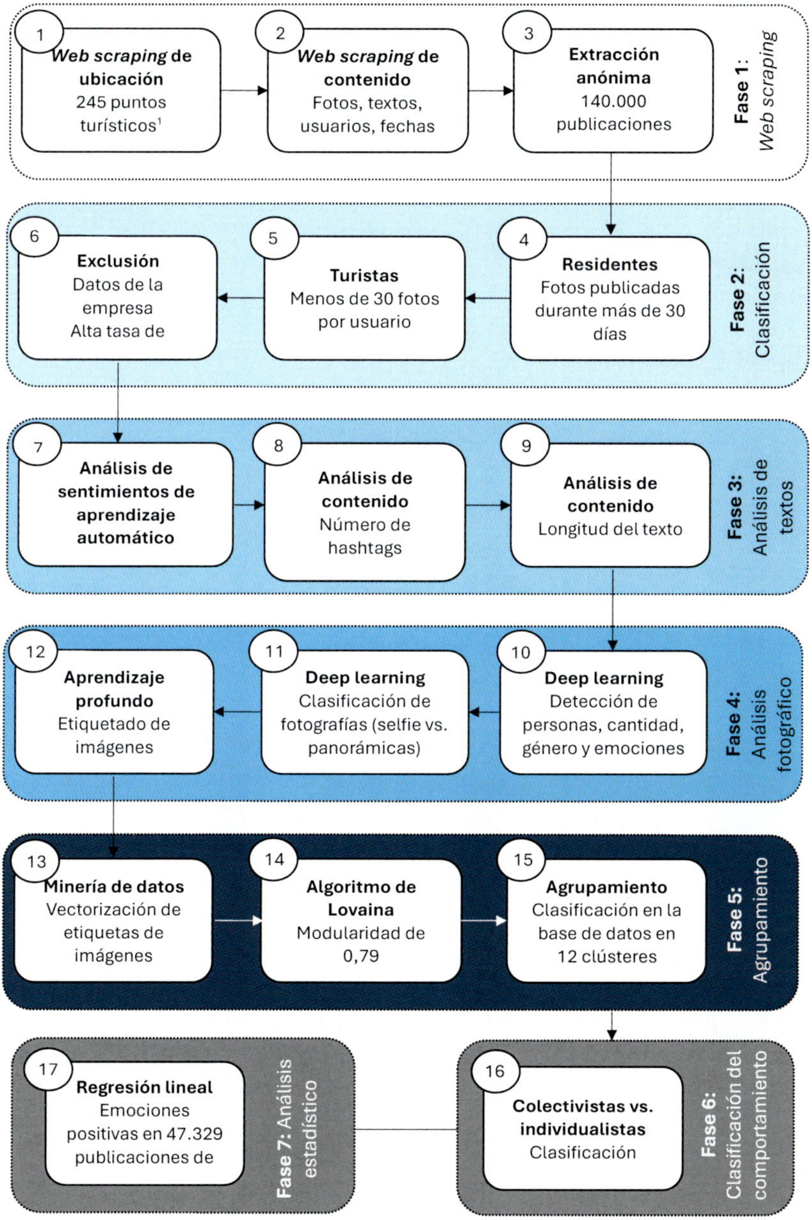

1. **Web scraping de ubicación** — 245 puntos turísticos[1]
2. **Web scraping de contenido** — Fotos, textos, usuarios, fechas
3. **Extracción anónima** — 140.000 publicaciones

Fase 1: Web scraping

6. **Exclusión** — Datos de la empresa Alta tasa de
5. **Turistas** — Menos de 30 fotos por usuario
4. **Residentes** — Fotos publicadas durante más de 30 días

Fase 2: Clasificación

7. **Análisis de sentimientos de aprendizaje automático**
8. **Análisis de contenido** — Número de hashtags
9. **Análisis de contenido** — Longitud del texto

Fase 3: Análisis de textos

12. **Aprendizaje profundo** — Etiquetado de imágenes
11. **Deep learning** — Clasificación de fotografías (selfie vs. panorámicas)
10. **Deep learning** — Detección de personas, cantidad, género y emociones

Fase 4: Análisis fotográfico

13. **Minería de datos** — Vectorización de etiquetas de imágenes
14. **Algoritmo de Lovaina** — Modularidad de 0,79
15. **Agrupamiento** — Clasificación en la base de datos en 12 clústeres

Fase 5: Agrupamiento

17. **Regresión lineal** — Emociones positivas en 47.329 publicaciones de
16. **Colectivistas vs. individualistas** — Clasificación

Fase 7: Análisis estadístico

Fase 6: Clasificación del comportamiento

[1] *https://www.instagram.com/explore/locations/c688051/leon-spain/*

Con el fin de identificar a los turistas, se aplicó un triple filtro. El primer filtro está vinculado al identificador único y anónimo de cada usuario de Instagram. Estos datos permiten conocer la fecha asociada a cada publicación de Instagram, y por lo tanto, clasificar qué usuarios (anonimizados) publicaron fotos durante 30 días consecutivos o menos en el destino, considerándolos turistas en este caso, y residentes en caso contrario (Gunter y Önder, 2021). El segundo filtro se refería a conocer el número de fotos publicadas por cada usuario anónimo, sabiendo por tanto qué usuarios publicaron menos de 30 fotos en el destino, considerándolos turistas en este caso, y residentes en caso contrario (Gómez et al., 2019). El tercer filtro fue un análisis de texto, que se profundizaría en la siguiente fase, permitiendo descartar publicaciones que contuvieran datos comerciales como cuentas de correo electrónico, números de teléfono o altas tasas de hashtags (Gómez et al., 2019).

Fase 3. Análisis de texto con aprendizaje automático

Una vez construida la base de datos y filtrada únicamente como turistas, se obtuvieron 47.329 publicaciones en Instagram. El siguiente paso fue realizar un análisis de texto temático y un análisis de sentimiento asociado a cada publicación utilizando técnicas de inteligencia artificial, concretamente *machine learning*. El modelo de aprendizaje automático implementado pertenece al software de código abierto NLTK y desarrollado en Python (NLTK, 2023). Este módulo de análisis de sentimientos es una herramienta basada en un enfoque de aprendizaje automático que analiza el contenido del texto dado utilizando su modelo preentrenado y devuelve una calificación entre -1 y 1, con -1 como el texto más negativo posible y 1 como el más positivo posible. Además, se aplicó este modelo de *machine learning* que nos permite conocer el número total de hashtags en cada publicación de Instagram, junto con el número total de caracteres.

Fase 4. Análisis fotográfico de aprendizaje profundo

La cuarta fase consistió en extraer información de las fotos a través de modelos de inteligencia artificial, concretamente de aprendizaje profundo, y a través de redes neuronales convolucionales siamesas utilizando el lenguaje Python. Cabe destacar que el *machine learning* y el *deep learning* son técnicas de inteligencia artificial, pero con una diferencia importante. Mientras que las técnicas de aprendizaje automático funcionan con algoritmos de regresión y/o árboles de decisión, las técnicas de aprendizaje profundo utilizan redes neuronales que intentan imitar el funcionamiento de las neuronas biológicas.

Entre las técnicas de IA, el método más útil para la clasificación de imágenes son las redes neuronales, ya que permiten la clasificación (lo que representa la imagen) o la detección de objetos dentro de las imágenes. Estas redes se entrenan a partir de imágenes, lo que les permite aprender de los píxeles y las etiquetas de las imágenes. Las redes crean diferentes capas y convoluciones y se convierten en modelos que los usuarios pueden adaptar en las últimas capas para implementarlos en sus bases de datos (**Figura 4**). Por este motivo, en esta investigación se aplicaron diferentes modelos de redes neuronales de código abierto, es decir, ya preentrenados, y una red neuronal elaborada ad hoc.

Figura 4. Procedimiento de clasificación de género de una red neuronal

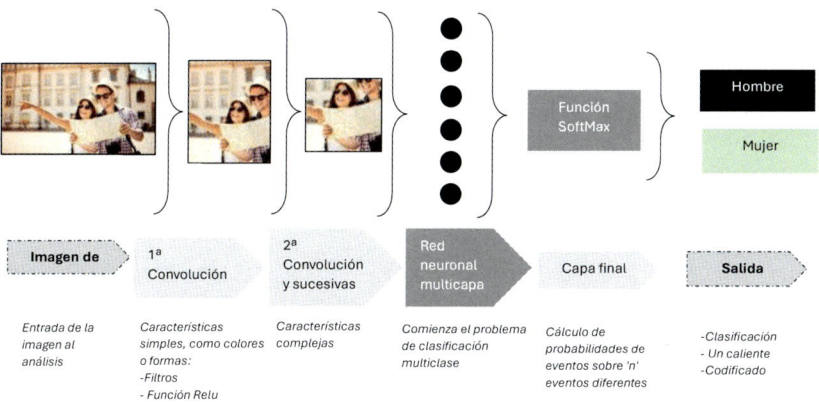

La primera red neuronal implementada es DeepFace, un modelo de código abierto que permite un fácil reconocimiento y análisis de atributos faciales utilizando Python. Está compuesto por modelos de última generación y prestigio como VGG-Face o Google FaceNet, y muestra una fiabilidad superior al cerebro humano, situado en el 97,53% (Serengil, 2023). Esta primera red neuronal, combinada con otro modelo de detección de personas, permitió conocer el número de hombres y mujeres que aparecían en cada foto, junto con la emoción representada. Estas emociones siguen la clasificación clásica y extendida de siete emociones generales (Bisogni et al., 2023): la felicidad y la sorpresa (consideradas en esta investigación como emociones positivas), neutras, y la tristeza, el miedo, el asco y la ira (considerados como negativos) (**Figura 5**). Varias personas pueden aparecer en las fotos, por lo que para calcular la positividad o negatividad de las imágenes, se seleccionaron los datos emocionales individuales de cada persona (entre 0 y 100 para las positivas, y entre -100 y 0 para las negativas). Todas las emociones suman, y se dividió por el número total de personas en la foto. Las fotos con un valor medio superior a 0 se consideraron fotos con datos emocionales positivos. Además, para dar consistencia a los resultados de la investigación, se compararon los resultados del foto análisis de la red neuronal DeepFace con los resultados de *Computer Vision*, un servicio de inteligencia artificial de Microsoft, integrado en *Azure Cognitive Services* (Azure, 2023). Se obtuvo una correlación del 96,5% entre los resultados emocionales, de género y de número de personas.

Figura 5. Procedimiento de clasificación de emociones de la red neuronal DeepFace

Fuente: basado en Serengil (2023). Fotos generadas con IA.

El propósito de esta investigación es profundizar en las emociones positivas y hedónicas que transmiten los usuarios, como uno de los principales propósitos de los viajes turísticos (Holbrook y Hirschman, 1982); Las fotos con sentimientos negativos no fueron el objeto de este estudio. Por este motivo, finalmente, dado que solo las fotos en las que se transmitía un sentimiento positivo eran mayoritarias, la investigación se centró en 39.235 publicaciones.

La segunda red neuronal, elaborada ad hoc para esta investigación, permitió conocer el nivel de narcisismo de cada foto, es decir, distinguir entre fotos tomadas en formato *selfie*, o no. Para generar este modelo de detección de fotos *selfie*, se entrenó una red neuronal con una base de datos abierta, compuesta por más de 78.000 imágenes etiquetadas recopiladas por la Universidad de Florida (Bhatt, 2020). Se estableció el parámetro de 3/4 de los píxeles formados por los rostros de las personas para considerar una foto como *selfie*, es decir, la red neuronal detecta qué cantidad de espacio ocupan los rostros en la foto, y si es más de 3/4, se ha clasificado como una foto *selfie*. Dado que no existe un criterio de inteligencia artificial que permita saber automáticamente si una fotografía es un *selfie* o no, en este caso se evaluó el ángulo de la fotografía, y se estableció que el rostro en la foto debe ocupar más de 3/4 de los píxeles.

Fase 5. Etiquetado y agrupación de imágenes

Para etiquetar y agrupar las fotos, primero es necesario conocer su contenido. Para ello se aplicó *Computer Vision* (Azure, 2023) que analiza el contenido de las imágenes y ofrece una base de datos estructurada con el identificador de cada foto en la primera columna, y las etiquetas de los objetos detectados en cada imagen en formato texto, en otra columna; Por lo tanto, esta aplicación permitió anotar cada imagen con diferentes etiquetas (**Tabla 1**).

En la primera fase, las etiquetas de cada foto se transformaron en vectores basados en frecuencias de términos-frecuencia inversamente, y estos vectores se calcularon por el número de veces que cada palabra apareció en el corpus, dividido por el número total de palabras en ese corpus (Yu y Egger, 2021). Los artículos basados en términos de frecuencia inversa indican cuánto contribuye cada etiqueta a cada imagen (Chen et al., 2023).

Tabla 1. Ejemplo de etiquetado y agrupación de imágenes

Imagen	Etiquetas	Clúster
10004344.jpg	al aire libre, texto, calzado, suelo, persona, zapatos, pies	Socialización
10004198.jpg	al aire libre, texto, viejo, castillo, nube, arte, cielo, pintura	Patrimonio diurno
10005326.jpg	edificio, iglesia, exterior, lugar de culto, antiguo, piedra, grande, reloj de pared, torre, medieval, arquitectura, catedral, gótico, arco, cielo, capilla, abadía, parroquia	Patrimonio nocturno
10004104.jpg	interior, suelo, beber, persona, calzado, suave, ropa, suelo, botella, comida, gente, alcohol	Objetos
10004206.jpg	edificio, exterior, calle, piedra, castillo, cielo, tierra, vehículo, coche, ventana	Transporte
10004118.jpg	edificio, arco, piedra, patio, techo, iglesia, bóveda, arcada	Otros

Después de la vectorización, se aplicó el algoritmo de Lovaina para categorizar las imágenes en diferentes grupos, ya que es un método de agrupación basado en maximizar la similitud dentro del grupo y minimizar la similitud entre grupos, que ha sido ampliamente utilizado como técnica de segmentación de imágenes (Yu y Egger, 2021). En esta investigación se aplicó el algoritmo de Lovaina para transformar los datos de la imagen en diferentes clústeres altamente interconectados. Las etiquetas de las imágenes permiten formar un grafo de redes que permite agrupar imágenes altamente conectadas (Yu y Egger, 2021). Los parámetros aplicados para obtener la mejor coincidencia fueron un análisis de componentes principales de 5 (es decir, parámetro de preprocesamiento en los datos originales para eliminar el ruido), con k-vecinos de 150 (es decir, el número de vecinos más cercanos que se utilizarán para formar la gráfica de k-vecino más cercano) y una resolución de 2 (es decir, parámetro para el algoritmo de detección de la comunidad de Lovaina que afecta el tamaño de los clústeres recuperados). Estos parámetros nos permitieron obtener 6 clústeres, con una modularidad de 0,79. Un solo grupo agrupaba todas las fotos que mostraban a personas disfrutando de una experiencia. Este grupo no agrupa todas las fotos en las que aparecen personas, sino que agrupa las fotos en las que el foco principal son las personas. Por ejemplo, una foto en la que aparecen dos personas con un monumento al fondo no se incluiría en este grupo, mientras que una foto con varias personas disfrutando de una comida pertenecería al grupo "socialización". (**Figura 6**).

Figura 6. Ejemplo de fotos de grupo de "socialización"

Patrimonio diurno   Clúster de socialización

Fuente: elaboración propia. Fotos generadas con IA.

En esta fase, las imágenes fueron etiquetadas y agrupadas en función de su composición para analizar diferentes contextos y su relación con las emociones expresadas. Este proceso es crucial para cubrir la **hipótesis H5**. Aquí, la "socialización" se refiere en términos generales al contexto dentro de la fotografía que representa la interacción social o las actividades comunitarias entre los turistas. Este contexto puede incluir varios elementos que indican un entorno social, como actividades grupales, interacciones entre individuos o entornos que facilitan la participación social. No se limita al mero número de personas en la imagen, sino que abarca el ambiente social general y las interacciones capturadas en la fotografía.

Por otro lado, la **hipótesis H6** se centra específicamente en el número de personas presentes en la imagen. Esta hipótesis examina la correlación directa entre el número de individuos en la foto y la intensidad de las emociones positivas mostradas.

Al distinguir estas dos hipótesis, la **Fase 5** garantiza un análisis exhaustivo tanto del contexto de socialización como del número de personas, lo que facilita una comprensión matizada de cómo estos factores influyen en las expresiones emocionales de las imágenes turísticas.

Fase 6. Clasificación de los turistas colectivistas e individualistas

Después de agrupar las imágenes en función de su contenido, la base de datos se clasificó en función del contenido de cada usuario. Para ello, a través del identificador único y anónimo de cada usuario, se identificaron todas las fotos y se clasificaron en imágenes sin personas, con una persona, o con varias personas. Cuando varias personas aparecían en las fotos, se consideraba una foto que mostraba colectivismo, y de lo contrario se consideraba individualista. A continuación, se promediaron las fotos individualistas y colectivistas, y se etiquetó a ese usuario. Por ejemplo, un usuario con tres fotos con varias personas, y una foto con una persona, era considerado un colectivista.

La hipótesis H8 no surge del tratamiento metodológico visto en la **Fase 5**. En cambio, esta hipótesis se basa en un análisis de cada usuario de Instagram como individuo. Al examinar la totalidad de las fotografías subidas por cada usuario al destino, podemos clasificar al usuario como colectivista o individualista. Esta clasificación está determinada por si, en promedio, el usuario sube más fotos con personas (indicativo de una orientación colectivista) o más fotos solo o sin personas (indicativo de una orientación individualista).

Después de haber clasificado 47.329 publicaciones de Instagram, se obtiene una base de datos estructurada y clasificada como se muestra en la **Tabla 2**.

Fase 7. Manipulaciones de variables y análisis estadístico

Se realizó una regresión lineal utilizando el software IBM SPSS versión 26 para determinar si existe una relación de dependencia entre las emociones positivas y las diferentes variables obtenidas en las fotos y textos de Instagram (IBM, 2023).

El análisis de regresión lineal permitió averiguar qué variables independientes explican mejor la variable dependiente de la emoción positiva: el sentimiento expresado en el texto, el número de hashtags incluidos en el texto, la cantidad de texto escrito, el narcisismo como motivo principal del fotonarcisismo, el número de mujeres en el grupo (porcentaje) y la socialización (número de personas y contexto de las personas). Antes de proceder con el análisis estadístico, se manipularon ciertas variables para que los resultados fueran más claros.

Tabla 2. Estructura y clasificación de la base de datos

Variables	Medición	Técnica	Autores
Emociones positivas	Media de las emociones positivas en una fotografía	Aprendizaje profundo	Serengil (2023)
Polaridad	Opinión del texto entre -1 y 1	Aprendizaje automático	NLTK (2023)
Implicación: número de hashtags	Número de hashtags	Aprendizaje automático	NLTK (2023)
Implicación: longitud del texto	Número de caracteres	Aprendizaje automático	NLTK (2023)
Narcisismo: *selfie*	Dicotómica (fotografía tipo *selfie* o panorámica)	Aprendizaje profundo	Desarrollo *ad-hoc*
Socialización: contexto de las personas	Dicotómico (clúster de fotografía cuyo motivo principal son las personas)	Algoritmo de Lovaina	Azure (2023)
Socialización: número de personas	Número de personas en la foto	Aprendizaje profundo	Serengil (2023)
Diversidad de género: porcentaje de mujeres	Porcentaje de mujeres en una fotografía	Aprendizaje profundo	Serengil (2023)
Colectivista vs. Viajero solitario	Dicotómico (colectivista o viajero solitario)	Media estadística	Serengil (2023)

Específicamente, la variable dependiente "intensidad de emoción positiva" se transformó a un rango de 0 a 1000, en lugar de 0 a 1. Además, se aplicó el logaritmo a las variables cuantitativas continuas y también se eliminaron los diferentes valores atípicos encontrados.

También se investigó el papel moderador del tipo de usuario que publicaba la foto: cómo una persona sociable frente a una persona individualista veía afectado su nivel de emoción, dependiendo de si viajaba con más mujeres, más hombres o simplemente con gente en general. A continuación, se desarrolló un modelo para probar sistemáticamente las hipótesis del estudio, con la ecuación estadística del modelo que se muestra a continuación:

$$Emociones\ positivas_i = b0 + b1 \cdot Polaridad + b2 \cdot log(Número\ de\ hashtags)$$
$$+ b3 \cdot log(Longitud\ del\ texto) + b4 \cdot Narcisismo + b5 \cdot Contexto\ de\ personas +$$
$$b6 \cdot log(Número\ de\ personas) + b7 \cdot Diversidad\ de\ género + IE$$

Fase 8. Manipulación de variables dependientes

La métrica para la variable dependiente "emociones positivas" se calculó utilizando un enfoque de *deep learning* para cuantificar las expresiones emocionales capturadas en las imágenes. Este proceso implicó varios pasos para garantizar una medición precisa y significativa de las emociones positivas.

Inicialmente, las imágenes se procesaron a través de un modelo de aprendizaje a distancia entrenado específicamente para el reconocimiento de emociones en contenido visual. El modelo evaluó cada fotografía para detectar expresiones faciales y otras señales contextuales indicativas de emociones positivas, como sonrisas, lenguaje corporal relajado e interacciones alegres. A cada emoción detectada se le asignó una puntuación, reflejando la intensidad de las emociones positivas presentes en la imagen. A continuación, se promediaron las puntuaciones de las emociones positivas en todas las instancias detectadas dentro de una sola fotografía para generar una puntuación media para cada imagen. Esta puntuación media proporcionó una medida completa del tono emocional positivo general transmitido por la foto. El modelo de DL utilizado para este análisis se basó en marcos establecidos y conjuntos de datos validados para garantizar la fiabilidad y la precisión en la detección y puntuación de emociones.

Además, para facilitar un análisis estadístico más claro, las puntuaciones medias de las emociones positivas se transformaron a un rango estandarizado de 0 a 1000, en lugar de la escala original de 0 a 1. Esta transformación ayudó a una mejor visualización y comparación de los resultados en diferentes imágenes y variables. Las variables cuantitativas continuas también se transformaron logarítmicamente para normalizar su distribución, y los valores atípicos se identificaron y eliminaron para evitar resultados sesgados.

4.5. RESULTADOS

Análisis descriptivo

En general, los hallazgos del estudio revelaron el comportamiento de los turistas en forma de tomar fotografías en el destino. Las fotos que mostraron polaridad positiva obtuvieron un promedio de 0.14, entre 0.00 y 1.00, es decir, las personas mostraron ampliamente su felicidad en ellas. Las medias generales y las desviaciones estándar se pueden ver en la **Tabla 3**. La distribución de las variables se puede ver en la **Figura 7**.

Tabla 3. Análisis descriptivo

Variables	Min.	Máx.	Sig.	Desviación estándar	n
Emociones positivas	0.00	1.00	0.14	0.334	47,329
Polaridad	-1.00	1.00	0.12	0.265	39,325
Implicación: número de hashtags	0	37	4.50	7.54	47,301
Implicación: longitud del texto	0	2,201	128.41	215.09	47,280
Socialización: número de personas	0	21	0.46	1.12	47,321
Diversidad de género: porcentaje femenino	0.00	1.00	0.13	0.31	47,329

			Frecuencias		
	Min.	Máx.	0 (n)	1 (n)	Total (n)
Narcisismo	0	1	93%	7%	47,329
Socialización: contexto de las personas	0	1	72%	28%	47,329

Figura 7. Distribución de las variables

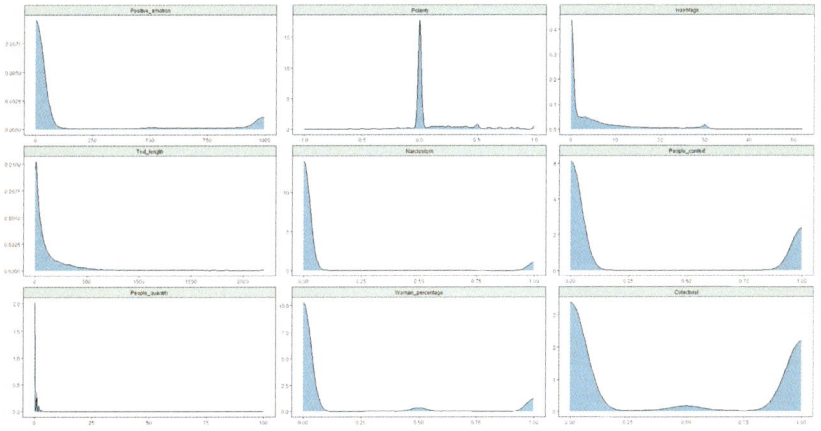

Se observó que la intensidad media de las emociones positivas era algo baja (0,14). Esto se debió a que, si bien es lógico pensar que en el turismo se sienten emociones muy positivas ya que se dan en un contexto de ocio, esto no se vio reflejado en las fotografías que compartieron los turistas. Seguramente esto estaba relacionado con el hecho de que los momentos que causaban las emociones más intensas no solían ser captados en fotografías, ya que las personas en ese momento estaban viviendo esa experiencia, y seguramente no pensaban en capturar la emoción fotográficamente (Bisogni et al., 2023; Gao & Kerstetter, 2018).

Análisis principal y análisis post hoc

Se realizó un análisis de regresión lineal para examinar los efectos de las variables independientes sobre la variable dependiente, y se cumplieron los supuestos del análisis de regresión lineal. Para ello, se implementaron regresiones múltiples ya que las variables reflejaban un contexto social, centrando y cuadrando la variable personas (Aiken et al., 1991). En general, la mayoría de las variables independientes predijeron significativamente las emociones positivas mostradas en las fotos.

En cuanto a las variables relacionadas con el texto (i.e., modelo 1 o análisis previo en la **Tabla 4**): la polaridad del texto, el número de hashtags y el número de caracteres fueron significativos, por lo que se aceptaron H1, H2 y H3, aunque con un R 2 muy bajo: 1,6%.

En cuanto a las variables relacionadas con las fotografías (i.e. modelo 2 o análisis principal en la **Tabla 4**): el contexto de socialización de las personas durante el viaje, la cantidad de personas y el porcentaje de mujeres fueron significativos, por lo que se aceptaron H1 (polaridad), H5, H6 y H7, pero no H2 (hashtags), H3 (longitud del texto) y H4 (narcisismo). El modelo principal obtuvo una R^2 de 64,6%, por lo que los resultados mostraron un fuerte efecto de las variables independientes sobre la variable dependiente ($R^2 = 0,664$, $p < 0,00$), explicando el 64,6% de la varianza (Hauser et al., 2022), mientras que el modelo anterior, compuesto solo por variables de texto, tenía muy poco poder explicativo cuando se explicaban las emociones ($R^2 = 0,016$, $p < 0,00$), por lo tanto, el momento más creíble para medir la experiencia emocional a través de las fotografías de los turistas fue cuando se estaba llevando a cabo la experiencia, y no después.

En cuanto a todas las variables texto y foto, junto con el colectivismo (i.e., modelo 3 o análisis post hoc en la Tabla 4.4), se continuó obteniendo un alto poder explicativo del modelo con R^2 de 59,3% ($R^2 = 0,593$, $p < 0,00$). En este caso los R^2 no fueron comparables porque pasamos de una muestra de 39.235 a una de 8.034 casos (publicaciones). Todas las variables estuvieron por debajo de 2,2 en el valor del VIF en el análisis previo, principal y post hoc.

Aunque todas las variables independientes fueron significativas, es decir, se encontró que cada una de las variables tenía un impacto significativo en las emociones positivas, algunas variables tuvieron un mayor efecto que otras.

Con respecto al modelo 2 o análisis principal de la **Tabla 4**, la relación de dependencia entre la polaridad del texto publicado por los turistas, y la emoción positiva sentida por ellos, y reflejada en la foto, fue positiva y significativa, por lo que se aceptó H1 (B = 25.01, $p < 0.00$). El efecto del número de hashtags y la longitud del texto no fueron significativos en este segundo modelo, por lo que no se aceptaron las hipótesis H2 y H3. Esto puede deberse a que, en el contexto de las plataformas de redes sociales como Instagram, el contenido visual tiene mucho más peso que el contenido textual.

En cuanto a las variables relacionadas con el contenido extraído de las fotos en el modelo 2 o análisis principal, el nivel de narcisismo en la foto no fue significativo, por lo que no se aceptó H4. El contexto de socialización también afectó a las emociones positivas reflejadas en la foto, encontrando una relación positiva y significativa tanto en el contexto de socialización (B = 19,00, $p < 0,00$) como en el número de personas (B = 13,36, $p < 0,00$), por lo que se aceptaron H5 y H6. Por último, la diversidad de género de las personas acompañantes del viajero también influyó en la emoción positiva sentida y expresada en la foto, por lo que fue positiva y significativa (B = 190,91, $p < 0,00$) y también fue la relación más fuerte de todas, por lo que se aceptó H7 (**Tabla 4**). Además, se observó que las variables que tuvieron mayor peso en el análisis fueron el número de personas, la diversidad y la polaridad del texto, en este orden.

Una vez verificada la influencia de las variables independientes sobre la variable dependiente, se realizó un análisis post hoc (i.e., modelo 3 o análisis post hoc en **Tabla 4**, introduciendo como variable moderadora una característica personal del usuario: su nivel de socialización o individualismo. Es importante mencionar que, al introducir estas variables, la muestra se redujo considerablemente, pasando de una muestra de 39.235 a una de 8.034. El modelo obtuvo una R^2 de 59,3%, por lo que los resultados mostraron un fuerte efecto de las variables independientes sobre la variable dependiente y mejoraron la explicación del análisis previo ($R^2 = 0,593$, $p < 0,00$), explicando el 59,3% de la varianza (Hauser et al., 2022).

Se encontró que no todas las variables independientes tuvieron un impacto significativo en las emociones positivas, y considerando las variables significativas, no todas tuvieron el mismo efecto en la variable dependiente.

En cuanto a las variables extraídas del texto, al introducir la variable moderadora relacionada con el colectivismo en la regresión, se observó que la polaridad del texto (B = 23,90, $p < 0,00$) seguía siendo significativa, por lo que se seguía aceptando H1. El efecto del número de hashtags (B = -0,03) así como de la longitud del texto (B = -0,020) dejó de ser significativo cuando intervino como moderador el grado de colectivismo o individualismo de un usuario que compartió su experiencia en Instagram, por lo que se rechazaron H2 y H3.

En cuanto a las variables extraídas de la información encontrada en las fotos, el narcisismo del turista continuó teniendo un efecto positivo y significativo sobre la variable dependiente (B = 38,17, $p < 0,00$), por lo que se siguió aceptando H4, aunque también es importante tener en cuenta que en esta variable la muestra estaba desequilibrada.

La socialización continuó siendo positiva y significativa, tanto el contexto de socialización (B = 31,90, $p < 0,00$) como el número de personas (B = 10,75, $p < 0,00$), por lo que H5 y H6 se mantuvieron aceptados.

Finalmente, el sexo de los acompañantes también fue positivo y significativo, y el porcentaje de mujeres fue (B = 179,23, $p < 0,00$), por lo que se siguió aceptando el H7.

En este análisis post hoc, los resultados también reflejaron cómo ser un turista más colectivista potenciaba la emoción positiva en las fotos que reflejaban un viaje sociable (B = 22,66, *p* < 0,01), por lo que se aceptó H8a. Sin embargo, este efecto no se produjo en otras fotos de atributos de destino no centradas en las personas. Además, el número de personas no fue significativo (B = -0,19), por lo que se rechazó H8b, y no se encontraron diferencias por género, es decir, la concentración de género del grupo no fue significativa (B = 5,01), por lo que se rechazó H8c.

En este modelo 3 se observó cómo las variables que tenían mayor peso eran el número de personas, la diversidad del grupo, el contexto de las personas y la polaridad, además del colectivismo. Esto podría tener sentido, dado que las personas colectivistas verían aumentado su nivel de emoción y viajarían con más personas.

4.6. Conclusiones y discusión

Discusión general

La imagen del destino está formada por el contenido compartido tanto por las DMOs como por los propios turistas durante sus viajes (Filieri et al., 2021). Los turistas sienten emociones cuando viajan y reciben un servicio de calidad, y cada vez más las comparten en sus plataformas de redes sociales a través de contenido como fotos, textos y hashtags (Mak, 2017; Filieri et al., 2021). Analizar este tipo de contenido es clave para las DMO que necesitan entender cómo se comportan los turistas en sus destinos y cómo se sienten estos turistas cuando viajan (Jin et al., 2020), porque estos sentimientos están directamente relacionados con la fidelidad del consumidor (Núñez-Barriopedro et al., 2021); Sin embargo, hasta ahora se carece de conocimiento sobre cuándo los turistas son más felices y cómo expresan este sentimiento a su comunidad. Esta investigación aborda este vacío en la literatura, para arrojar algo de luz y comprender cómo este tipo de comportamiento turístico es relevante para el desarrollo de las estrategias de marketing de las DMO, y cómo la felicidad implica cambios en el comportamiento de los turistas, como su compromiso o intención de compra (Gutiérrez-Rodríguez et al., 2024).

Además, esta investigación se basó en un enfoque de métodos mixtos, tras descargar 150.000 publicaciones de Instagram, la principal plataforma de redes sociales para fotos turísticas y la más influyente (Weiler et al., 2021; Arival, 2023).

Tabla 4. Coeficientes y análisis de regresión

Variables	Análisis previo 2			Análisis principal 3			Análisis post hoc 4		
	B	β^2 Coeficientes estandarizados	t	B	β^3 Coeficientes Estandarizados	t	B	β^4 Coeficientes Estandarizados	t
Constante	—	—	42.76	—	—	122.52	—	—	22.651
Polaridad	49.75***	0.04	7.86	25.01***	0.020	6.58	23.90***	0.03	3.789
Engagement (número de hashtags)	-2.17***	-0.12	-24.36	-0.004	-0.0003	-0.08	-0.03	-0.003	-0.848
Engagement (longitud del texto)	0.11***	0.001	0.29	-0.25	-0.003	-1.12	-0.02	-0.0003	-1.504
Narcisismo	—	—	—	3.13	0.002	0.71	38.17***	0.03	11.801
Socialización (contexto de las personas)	—	—	—	19.00***	0.003	7.38	31.90***	0.05	7.830
Socialización (número de personas)	—	—	—	13.36***	0.65	130.90	10.75***	0.58	29.962
Diversidad de género (porcentaje de mujeres)	—	—	—	190.91***	0.18	42.43	179.23***	0.19	25.410
Colectivista	—	—	—	—	—	—	-9.45	-0.021	-0.064
Colectivista x Socialización (contexto de las personas)	—	—	—	—	—	—	22.66*	0.02	2.454
Colectivista x Socialización (número de personas)	—	—	—	—	—	—	-0.19	-0.02	0.443
Colectivista x Diversidad de género	—	—	—	—	—	—	5.07	0.004	1.444

Nota1: ***$p < 0,001$, **$p < 0,01$, *$p < 0.05$.
Nota2: R2: 0,017; R2 ajustado: 0,016; Error estándar: 0,331 en 39,246 df; F: 224.6; DF:3. Sig.: 0.000
Nota3: R2: 0,647; R2 ajustado 0,646; Error estándar 0,190 en 39,235 df; F: 1.025: DF:7; Sig.: 0.000
Nota4: R²: 0.593; R2 ajustado: 0.593; Error estándar: 0,139 en 8.034 df: F: 1.066,21; DF:11; Sig.: 0.000

Utilizando la técnica de *web scraping*, aplicó diferentes técnicas de inteligencia artificial a diferentes fuentes de datos, como fotos, analizadas a través de *deep learning*, lo que permitió extraer la cantidad de personas en las fotos, su género y su emoción; como los textos, analizados a través del aprendizaje automático, que permitió conocer la polaridad del texto, el número de hashtags y la extensión del texto; y por último como los metadatos, que permitieron filtrar la base de datos y analizar únicamente el contenido publicado por los turistas durante su viaje.

Los resultados obtenidos revelaron que existían diferentes elementos dentro de la experiencia turística que provocaban emociones positivas en los turistas, como la alegría y la felicidad. Además, estas emociones se vieron reflejadas en el contenido fotográfico que compartieron en las redes sociales (Coelho et al., 2018).

En primer lugar, en relación con las variables extraídas de los textos de Instagram tras la implementación de técnicas de *machine learning*, un resultado interesante fue el efecto de las emociones positivas sentidas durante la experiencia turística sobre el sentimiento expresado en los textos que acompañaban a la foto, reflejado de dos maneras: en las expresiones faciales de los turistas, y en la descripción de su experiencia en formato de texto (Filieri et al., 2021).

Sin embargo, los resultados no mostraron que hubiera una fuerte relación entre las emociones positivas sentidas y la implicación a nivel textual a través de más hashtags y más texto escrito.

Por un lado, si bien este efecto era significativo cuando solo se analizaba el texto, el número de hashtags y el número de menciones dejaba de ser significativo si incluíamos variables relacionadas con la emoción expresada en las fotografías.

Varios autores concluyeron previamente que la implicación del usuario con el destino, reflejada en la cantidad de texto o el número de hashtags, puede variar en función del tipo de experiencia (Wang et al., 2022). Esto puede deberse a la plataforma en la que los usuarios comparten el contenido, Instagram, donde el contenido fotográfico se promociona sobre texto, a diferencia de otras plataformas de redes sociales como Facebook o X (Volo e Irimiás, 2021). Por otro lado, la polaridad del texto fue significativa en los tres modelos, y con un alto peso en la explicación de la emoción de los turistas, se pudo concluir que los turistas expresaron su felicidad tanto a través de los textos que componían sus publicaciones, como a través de imágenes.

En segundo lugar, y relacionado con las variables extraídas de las fotos mediante técnicas de *deep learning*, los resultados también permitieron concluir que el hecho de compartir el viaje con otras personas permitió generar emociones más positivas. Como se ha estudiado anteriormente, los turistas viajan para sentirse felices (Zhang et al., 2023), y esta felicidad se potencia gracias al componente social de las experiencias turísticas (Triantafillidou y Petala, 2016).

En tercer lugar, otra de las conclusiones derivadas de los resultados de este estudio fue que cuando el grupo estaba formado por más mujeres que hombres, estas emociones positivas se reforzaban. Esto se debió a las diferentes preferencias que muestran las mujeres en comparación con los hombres, lo que en ocasiones puede generar conflictos durante los viajes (Collins y Tisdell, 2002; Junek et al., 2006; Heimtun y Jordan, 2011; Li et al., 2011); También se relaciona con las preferencias particulares de las mujeres, que normalmente deciden viajar por placer, mientras que los hombres viajan más por eventos laborales, lo que puede afectar la emoción capturada en la foto (Collins y Tisdell, 2002). Estos resultados no deben ser tomados en consideración en su totalidad, dado que en nuestra base de datos había un desequilibrio en la muestra de esta variable, pero los resultados arrojan cierta claridad sobre el comportamiento de los turistas.

Por último, los resultados del análisis post hoc mostraron que la personalidad individual, entendida como colectivista o individualista, también influyó en la generación de emociones, reflejando que los turistas colectivistas potenciaban sus emociones positivas si viajaban con otras personas. Además de la implicación relacionada con la importancia de las personas en relación con el contexto, estos resultados también nos permitieron explicar que el grupo de viaje no era igual de relevante para todos los tipos de turistas, sino que para las personas colectivistas era mucho más importante viajar con las personas para potenciar sus emociones positivas. En este caso específico, cuando el colectivismo moderó las relaciones, se observó que cuando un usuario experimentaba una emoción positiva, era más propenso a hacerse una *selfie* para mostrársela a su comunidad, es decir, a tener un deseo más narcisista por sí mismo y por fotografiar a su propia persona, directamente vinculado a las experiencias turísticas (Casale y Banchi, 2020; Araujo-Batlle et al., 2023). Este resultado estuvo en línea con la literatura académica, que anteriormente concluyó que los usuarios generalmente se toman *selfies* cuando se sienten bien y están experimentando emociones positivas y deciden fotografiarse frente a otros elementos del destino (Christou et al., 2020).

Por lo tanto, los resultados reflejaron primero cómo, para mejorar la felicidad de los turistas, importaba con quién se tenía la experiencia. Además, el género era importante, ya que en ese grupo de personas, las más importantes eran las mujeres. La principal implicación de este resultado fue la demostración de que las personas eran más relevantes que el contexto para generar emociones durante una experiencia turística.

Pero también fue importante lo que hizo el turista, es decir, cómo esa emoción sentida durante su experiencia lo llevó a fotografiarse de cierta manera. En este caso, cuando los turistas sentían más emoción, se comportaban de una manera más narcisista.

Los resultados también mostraron que la fotografía era un elemento clave para comprender las emociones de los turistas, mucho más que el texto asociado a la foto y sus características, como la polaridad, la longitud y el número de hashtags. La principal implicación de estos resultados fue la explicación de que una imagen era mucho más importante que la descripción asociada a ella, especialmente en una plataforma enfocada en contenido fotográfico como Instagram. Esto permitió dos avances claros: por un lado, en la literatura académica, aportando claridad sobre las emociones sentidas en tiempo real por los turistas, además de su relevancia en la experiencia turística, y por otro lado, en nuevas metodologías de investigación, desarrollando un análisis innovador que unía texto, imágenes y metadatos.

Implicaciones teóricas

Este estudio hace contribuciones notables en términos de las emociones positivas de los viajeros durante su experiencia turística y la literatura relacionada. En primer lugar, ya se conocían los diferentes factores que componen la imagen de destino (cognitivos o racionales, y afectivos o emocionales) (Gartner, 1994), pero no se sabía cómo estas emociones permiten construir la imagen del destino a partir de las emociones que los turistas expresan en las fotos tomadas durante su experiencia y que comparten durante sus viajes.

En segundo lugar, también se conoció cómo las experiencias turísticas se componen de diferentes elementos, como factores emocionales, sociales y contextuales (Coelho et al., 2018); Sin embargo, hasta el momento no se habían realizado más estudios sobre cómo estos elementos afectan a la intensidad de la emoción que se siente durante la experiencia turística, sino más bien después de su finalización (Huang et al., 2019).

En este estudio también se describen los principales elementos que permiten potenciar las emociones positivas de los turistas, como compartir el viaje con otros turistas (Triantafillidou y Petala, 2016; Zhang et al., 2023), siempre y cuando el grupo tenga las mismas necesidades y preferencias, y se potencien las emociones positivas cuando se viaja preferiblemente por placer (Collins y Tisdell, 2002; Junek et al., 2006; Heimtun y Jordan, 2011; Li et al., 2011). Asimismo, este estudio ofrece claridad sobre cómo los turistas, cuando están teniendo una experiencia positiva, ven potenciado su lado narcisista y deciden fotografiarse a sí mismos (Casale y Banchi, 2020; Christou et al., 2020; Araujo-Batlle et al., 2023)y expresar sus sentimientos positivos en texto (Filieri et al., 2021), pero no te involucres a través de textos más elaborados y largos (Wang et al., 2022).

Por último, otra aportación teórica importante de esta investigación es el análisis del carácter colectivista o individualista de los turistas, y su consecuente comportamiento a la hora de compartir en las plataformas de redes sociales. Aunque el efecto moderador del colectivismo había sido analizado previamente en contextos turísticos (Han et al., 2017; Khan y Fatma, 2021), este estudio arroja luz sobre cómo se puede saber si un usuario es colectivista o individualista a través de su comportamiento en las redes sociales, y cómo esta característica potenciará sus emociones positivas sentidas durante la experiencia.

La aplicación de la técnica de descarga de *web scraping* permitió obtener una gran base de datos compuesta por *big data*, que se analizó mediante técnicas de inteligencia artificial para las diferentes fuentes: fotos, textos y metadatos compartidos por los viajeros en la plataforma de Instagram.

Implicaciones gerenciales

En un esfuerzo por lograr el objetivo principal de las DMOs que es atraer nuevos visitantes a sus destinos, a través de la creación de una imagen de destino fuerte, los mercadólogos turísticos deben aprovechar los resultados mostrados en este estudio en relación a los elementos que permiten a los usuarios generar emociones positivas y cómo las comparten con su comunidad. Entender cómo los usuarios generan felicidad, y cómo la expresan en las plataformas de redes sociales, es de vital importancia para los gestores turísticos, que pueden anticiparse, ya que esta sensación está ligada a volver a visitar el destino y atraer a potenciales turistas que interactúan con este contenido (Reitsamer y Brunner-Sperdin, 2017).

Además, se había demostrado anteriormente cómo la felicidad del turista afecta a la intención de volver a visitar el destino y a la implicación de los turistas con el destino. Por lo tanto, los gestores turísticos pueden tener un mayor control sobre estas variables si entienden cómo funciona la felicidad de los turistas en el destino, influyendo también en el comportamiento de viaje futuro (Filieri et al., 2021).

Esta investigación también detectó que los usuarios eran más propensos a generar emociones positivas cuando viajaban en grupo que cuando viajaban individualmente, por lo que es importante desarrollar experiencias turísticas que promuevan la socialización. Los profesionales del marketing también deben tener en cuenta el comportamiento de los usuarios durante sus experiencias de viaje. Cuando un usuario tiene una experiencia positiva, es más probable que tome una foto en formato *selfie* y vea cómo crece su lado narcisista, mostrando a su comunidad más claramente la felicidad que siente, por lo que podría ser interesante para los especialistas en marketing promocionar puntos de *selfie* en los destinos.

Además, las emociones positivas se potencian cuando los usuarios viajan con un mayor número de personas y un mayor porcentaje de mujeres, por lo que una estrategia a implementar por destinos puede estar relacionada con la promoción de paquetes de viaje para grupos de amigos.

Implicaciones metodológicas

Existe una continua falta de investigación de métodos mixtos en la investigación de viajes y turismo en general, dado el número limitado de estudios que integran análisis cuantitativos y cualitativos, con diferentes tipos de datos como fotos, textos y metadatos, y con una gran cantidad de datos (Filieri et al., 2021).

Por lo tanto, esta investigación adoptó un enfoque de métodos mixtos, combinando el análisis de contenido visual (fotos) a través de la técnica de inteligencia artificial de aprendizaje profundo; análisis de contenidos textuales (textos) a través de la técnica de inteligencia artificial de *machine learning*; y el análisis de los metadatos que permite filtrar el gran conjunto de datos de la base de datos.

La adopción de este enfoque nos permitió mejorar la comprensión del valor de la investigación basada en métodos mixtos, así como ampliar la investigación en ciencias sociales con un número limitado de este tipo de estudios (Filieri et al., 2021) que proporciona una imagen más completa del fenómeno que se investiga.

Limitaciones e investigaciones futuras

Este análisis exhaustivo no está exento de limitaciones. En primer lugar, se realizó el análisis de todos los turistas de un mismo destino, lo que tiene sus particularidades y podría generar diferentes impresiones en los turistas. Este estudio se centró en un destino de interior, cultural y gastronómico, con diferentes atractivos turísticos, pero cuyos atributos turísticos eran diferentes a otros tipos de destino, como el de sol y playa, el de naturaleza o el urbano. Por lo tanto, futuras investigaciones podrían aplicarse a otros tipos de turismo en otros destinos.

Además, este estudio no tuvo en cuenta las diferencias culturales ni los antecedentes demográficos de los usuarios. Por ejemplo, no todas las culturas expresan sus emociones de la misma manera y con la misma intensidad, al igual que no todas las culturas tienen la costumbre de viajar en grupos más grandes, grupos más pequeños, en pareja o individualmente. Por lo tanto, sería importante profundizar en este aspecto.

Otra peculiaridad de este estudio es que se realizó con una muestra de casi 40.000 publicaciones turísticas en un contexto de experiencias turísticas positivas, lo que podría limitar la generalización de los resultados ya que también puede haber habido experiencias negativas que deberían haber sido consideradas. Además, solo se analizaron las publicaciones de Instagram, mientras que esta plataforma de redes sociales está en continua evolución y recientemente ha incorporado otro tipo de contenidos como *stories* o *reels* a través de los cuales los turistas también muestran su experiencia turística. Eso podría constituir una futura línea de investigación, o incluso otras plataformas como TikTok (Barta et al., 2023).

El propósito de esta investigación es encontrar una explicación a la felicidad que sienten los turistas en los destinos, no predecirla. Por lo tanto, dado que ya se ha demostrado la explicabilidad de este modelo, sería importante desarrollar modelos predictivos a través de técnicas como el *machine learning* que permitan predecir esta felicidad. Las explicaciones presuponen predicciones, en el sentido de que las predicciones proporcionan apoyo probatorio para una teoría científica, pero las predicciones, a la inversa, pueden existir en ausencia de explicaciones (Buchholz & Grote, 2023). Por esta razón, consideramos que, después de la explicabilidad, es importante encontrar apoyo a través de la predicción.

Dado que el objetivo final de las DMO y sus estrategias de marketing de destinos es persuadir a las personas para que visiten su destino, sería interesante examinar los efectos de las variables analizadas en este estudio en otras plataformas de redes sociales donde las DMO publican sus campañas y los turistas comparten sus contenidos, como Facebook o X, para comprender mejor cómo los turistas expresan sus emociones en otras plataformas. Aunque este estudio se centró en la principal plataforma de contenido fotográfico turístico, también podría ser de interés analizar otras plataformas, por ejemplo, para entender cómo se comportan los turistas en otras plataformas de redes sociales que promueven contenido fotográfico o de vídeo menos que texto, como Facebook o X.

Finalmente, **este estudio permitió comprender las experiencias de los turistas en el destino a través de las emociones compartidas en sus publicaciones en plataformas de redes sociales**, evaluando específicamente la relevancia del compañerismo, y las actividades realizadas durante la experiencia turística. Sin **embargo, como se ha observado, existe un vacío en la comprensión de la construcción y difusión de la imagen del destino.** Si bien esta investigación aborda este vacío en la literatura, es importante arrojar algo de luz y comprender cómo el comportamiento turístico afecta las estrategias de marketing de las DMOs, que actualmente no pueden controlar y dirigir el contenido que se publica sobre ellas en internet, particularmente en las plataformas de redes sociales.

Esta investigación ha permitido conocer cómo los turistas experimentan el destino, y qué tipo de experiencia genera la mayor sensación positiva, **pero ¿cómo se viraliza este contenido?, y, en consecuencia, ¿cómo afecta este contenido a la imagen del destino?**

Estos aspectos se abordan en la siguiente investigación, centrándose en el *engagement* generado en las publicaciones que los usuarios comparten con su comunidad sobre los destinos en las plataformas de redes sociales.

5. COMPRENDER EL ENGAGEMENT CON EL DESTINO DE LEÓN: DIFERENCIAS ENTRE PUNTOS DE INTERÉS Y SERVICIOS

5.1. INTRODUCCIÓN

Una imagen positiva y fuerte del destino turístico (TDI) actúa como un elemento de atracción para otros turistas. En concreto, un TDI fuerte puede ser una ventaja competitiva frente a otros destinos, algo más importante hoy que nunca, ya que el turismo ha sido el sector más afectado por la pandemia de COVID-19, y el TDI puede ayudar a la recuperación de los mercados turísticos (Zuo et al., 2023). Un TDI potente causa una buena impresión, y un destino solo tiene una oportunidad para causar una buena primera impresión, algo esencial para triunfar en el mercado turístico actual, altamente competitivo, donde las fotos han adquirido un papel destacado para lograrlo (Picazo & Moreno-Gil, 2019).

Para ello, las organizaciones de marketing de destinos (DMO) utilizan las redes sociales para promocionar su TDI, pero sigue siendo un reto para las DMO entender el tipo de contenido que más llama la atención de los usuarios en las redes sociales con el fin de promover las visitas al destino (Abbasi et al., 2023). En este sentido, *engagement* en las redes sociales es una métrica de éxito importante, comúnmente utilizada para evaluar los resultados de marketing, ya que influye en la actitud hacia los destinos turísticos y la percepción de los servicios de hostelería (Filieri et al., 2021; Li y Xie, 2020), y también está ligado a la viralidad del contenido generado por el usuario. Más concretamente, con la aparición de las redes sociales, la investigación que analiza el TDI a través de contenidos generados por los usuarios, y en concreto por los turistas, ha crecido y se ha consolidado como un tema popular y muy útil para el desarrollo del TDI (Arefieva et al., 2021; Picazo y Moreno-Gil, 2019; Zuo et al., 2023).

Como se mencionó anteriormente, una poderosa fuente de información que se puede encontrar en las redes sociales es la fotografía. Las fotos siempre han sido una parte inseparable de la experiencia turística y también están vinculadas a los TDI mostrados en las redes sociales, ya que el contenido visual ofrece una prueba irrefutable de que algo ha sucedido en un momento determinado (Tribe & Mkono, 2017). Además, en la era del *big data*, las fotos de las experiencias del destino compartidas en las plataformas de redes sociales se han convertido en la principal fuente de información a través de la cual las audiencias reciben la imagen del destino (Deng y Liu, 2021). Pero los investigadores turísticos han utilizado persistentemente los datos textuales, ignorando el análisis de imágenes, que hoy en día se pueden realizar de forma automática a través de la inteligencia artificial, y que permite obtener diferentes datos relevantes sobre el comportamiento de los turistas (Balomenou & Garrod, 2019). De hecho, el papel que desempeñan las imágenes en la generación de *engagement* sigue siendo una cuestión en gran medida inexplorada (Li y Xie, 2020).

Las fotos permiten una comprensión holística de las experiencias y proporcionan a los investigadores del turismo un tipo diferente de información que es capaz de abarcar esas experiencias (Bell & Davison, 2013). Los turistas utilizan las imágenes como medio para construir su experiencia vacacional, capturar sus recuerdos y compartirlos con su comunidad en plataformas como las redes sociales (Lo & McKercher, 2015). Es cierto que varios autores destacan la subjetividad de las fotos, ya que la elección de qué fotografiar es una parte inherente al proceso fotográfico, pero esa elección recae en el fotógrafo, quien elige qué fotografiar, cuándo y dónde, para mostrar los aspectos más decisivos en la configuración de sus propias experiencias turísticas (Balomenou & Garrod, 2019). Por lo tanto, las fotos pueden transmitir significados y percepciones complejas por sí mismas, con el vínculo indisoluble entre la experiencia turística y la fotografía (Tribe & Mkono, 2017).

El informe *El viajero de experiencias 2023* concluye que Instagram es la plataforma más influyente para quienes buscan planificar actividades mientras viajan, y cada vez más personas recurren a Instagram para explorar las experiencias de otros usuarios, inspirarse y ver qué es posible hacer en sus viajes, prefiriendo este tipo de opción visual a leer reseñas largas en otras fuentes como TripAdvisor (Arival, 2023). Este informe confirma también que la principal plataforma de redes sociales donde los usuarios comparten sus experiencias fotográficas es Instagram, que cuenta con 1.300 millones de usuarios que generan cientos de millones de fotos y vídeos al día (DataReportal, 2023). Por ejemplo, el hashtag *#travel* cuenta con 682 millones de publicaciones (Instagram, 2023b). Estos hashtags suelen ser utilizados por los turistas para seleccionar sus destinos favoritos, decidir antes del viaje a dónde viajar, y tomar sus fotos y compartirlas en línea durante el viaje, ya que tomar fotos se ha convertido en una actividad turística popular e indispensable (Deng y Liu, 2021). Por esta razón, Instagram es la plataforma visual extremadamente animada que más contribuye a la formación del TDI (Volo & Irimiás, 2021). A pesar de su relevancia, todavía falta en la literatura un análisis en profundidad de los elementos visuales en las imágenes de Instagram (Hauser et al., 2022). De hecho, las bases de datos de imágenes rara vez se estudiaban, ya que se consideraba que carecían de verdad objetiva, pero una investigación rigurosa de las imágenes de las redes sociales podía establecer la legitimidad del contenido visual, porque los usuarios muestran su experiencia como un escaparate: el contenido con el que quieren atraer a su audiencia los recompensará con me gusta y comentarios (Volo & Irimiás, 2021).

Además, es innegable que el TDI es el resultado directo de la co-creación de experiencias no solo por parte de los turistas, sino también por parte de los residentes, gestores de destinos e intermediarios turísticos (Yüksel & Yanik, 2014). Por un lado, las DMOs tratan de controlar su imagen proyectada y dirigir sus campañas de comunicación en las redes sociales, pero por otro lado, los turistas también participan en esta creación de la IDT compartiendo sus experiencias (Paül y Agustí, 2021; Volo e Irimiás, 2021), y tampoco cabe duda de que los propios residentes que viven en los destinos también contribuyen a formar el TDI (Zuo et al., 2023). En este sentido, la literatura previa ha examinado la superposición de diferentes imágenes turísticas distribuidas a través de folletos turísticos oficiales, guías de viaje y contenido generado por los usuarios en Instagram (Paül y Agustí, 2018, 2021), pero hasta donde sabemos, la co-creación entre residentes y turistas no ha sido examinada en profundidad (Lin et al., 2017). Por lo tanto, es necesario comprender cómo los seguidores en las redes sociales interactúan con el contenido compartido por los residentes y turistas sobre un destino.

Del mismo modo, el turismo implica el uso y disfrute de un conjunto de servicios, como las atracciones turísticas y los servicios de hostelería (Lugosi & Walls, 2013). Encontrar referencias para ambos en forma de contenido visual es importante para los turistas, ya que, en la fase de planificación, intentan imaginar cómo será su experiencia general. Existen evidencias sobre qué tipo de estímulos ambientales relacionados con restaurantes, alojamientos o atracciones turísticas animan a los usuarios a publicar fotos en sus redes sociales (Li et al., 2023); sin embargo, por el momento, no se sabe qué tipo de contenido fotográfico promueve un mayor *engagement* en Instagram (An et al., 2020; Apaolaza et al., 2021; Chen et al., 2023).

Por último, la experiencia turística también involucra a las personas, y en consecuencia estas personas se muestran reflejadas en las fotos que comparten con su comunidad. Es habitual encontrar investigaciones que clasifican el contenido de las fotos en diferentes categorías como comida o alojamiento, pero también es necesario analizar las consecuencias de incluir personas en las fotos (Huai et al., 2022; Li et al., 2023; Wang et al., 2020), porque esas personas son uno de los elementos más importantes de la IDT (Aramendia-Muneta et al., 2021), y permiten mejorar el *engagement* en las redes sociales (Tamaki, 2021). Teniendo en cuenta todo ello, la presente investigación aporta a la literatura previa, tanto teórica como metodológicamente, de las siguientes maneras:

PI1. ¿Existen diferencias de *engagement* entre los puntos de interés y los servicios de hostelería?

PI2. ¿Hay diferencias en el *engagement* entre turistas y residentes?

PI3. ¿Hay diferencias en el *engagement* si el elemento principal de la fotografía es una persona, en lugar de otro tipo de elementos, como el entorno?

En primer lugar, nuestro objetivo es comprender el *engagement* con las publicaciones de Instagram en función de las características del contenido fotográfico. En concreto, diferenciamos entre puntos de interés y servicios de hostelería como foco de la foto, y comparamos si la foto incluye personas o no. Además, evaluamos las posibles diferencias en la influencia del contenido fotográfico en el *engagement* debido a las características del emisor de la foto (es decir, turistas frente a residentes).

En segundo lugar, este estudio utilizó fotografías como fuente de datos, lo que ayuda a reducir la brecha entre la teoría y la práctica en términos del uso de datos visuales en la investigación turística (Balomenou & Garrod, 2019), y proporciona un método novedoso de recopilación de datos basado en técnicas de *big data* (es decir, *web scraping*).

En tercer lugar, avanzar en la investigación turística en la era del *big data* (Deng y Liu, 2021; Zhang et al., 2020), se aplicaron técnicas de inteligencia artificial para el análisis de los datos descargados: se aplicaron modelos de aprendizaje automático para el análisis de la polaridad del texto, y se aplicaron modelos de aprendizaje profundo en el campo de la visión por computador para el análisis visual de contenido en este estudio.

Para ello, desarrollamos un gran conjunto de datos descargando 139.273 publicaciones de Instagram entre 2010 y 2022 con sus fotos, textos y metadatos. Tras aplicar técnicas de inteligencia artificial para identificar las variables de investigación, finalmente se analizaron 27.088 publicaciones compartidas por turistas y residentes. Todas estas publicaciones pertenecen a un destino cultural y gastronómico del Camino de Santiago, Patrimonio de la Humanidad por la

UNESCO desde 1993 (UNESCO, 2023). Por último, la teoría de la comunicación (Schramm y Roberts, 1954) y la teoría de las imágenes mentales (MacInnis y Price, 1987) proporcionan soporte teórico a las relaciones propuestas.

Esta investigación responde a la **brecha de investigación 4 de la tesis doctoral**, *"comprensión de la construcción y difusión de la imagen del destino a través del engagement generado en las publicaciones de los destinos publicadas por los usuarios en las plataformas de redes sociales"*, que desarrolla los objetivos:

- **Objetivo 8:** evaluar la influencia de las características del mensaje en su difusión y generación de *engagement* de las publicaciones de los destinos en las plataformas de redes sociales.

- **Objetivo 9:** evaluar la influencia de las características del emisor en la difusión y generación de *engagement* de las publicaciones de los destinos en las plataformas de redes sociales.

La presentación de este trabajo de investigación se divide en seis apartados. En la primera sección se discute la necesidad de analizar las diferencias entre el contenido de los emisores en Instagram y su impacto en el *engagement* en las redes sociales y el TDI. En la sección 2 se discute la literatura en la misma dirección, seguida del marco teórico, los tipos de emisores, los tipos pictóricos y el *engagement* en las redes sociales. Esta sección proporciona una base teórica al estudio y se centra en las cinco hipótesis del estudio, que se describen en la sección 3. La metodología de investigación para el estudio se discute en la sección 4, que consiste en la explicación de las técnicas de *web scraping* utilizadas, el método de inteligencia artificial y los análisis estadísticos. La determinación y la interpretación de los resultados se detallan en la sección 5. Además, en la sección 6 se describen las contribuciones a los conocimientos existentes y sus implicaciones.

5.2. REVISIÓN DE LA LITERATURA

Teoría de la comunicación

Una de las preocupaciones históricas y centrales de la investigación de mercados es el desarrollo de comunicaciones efectivas que logren con éxito los objetivos de marketing (Baker, 1976). Para ello, Schramm y Roberts (1954) desarrollaron su Teoría general de la Comunicación que involucra tres elementos centrales (es decir, fuente, mensaje y receptor), que también pueden aplicarse en el entorno de las redes sociales (Walton & Rice, 2013). Específicamente, el proceso de comunicación clásico involucra a un emisor que transmite un mensaje a través de un canal a una audiencia receptora (Bao & Chang, 2014), siendo la retroalimentación y la interacción entre el emisor y el receptor elementos clave en la comunicación (Schramm & Roberts, 1954). En la publicidad tradicional, una empresa (emisor) crea un anuncio (mensaje) que se difunde a través de diversos canales de comunicación como la televisión, la prensa o las plataformas en línea (canal) para llegar a los consumidores (audiencia). La efectividad de esta comunicación a menudo se mide por las respuestas de los consumidores, como la compra del producto anunciado o la interacción con la marca (retroalimentación).

Las redes sociales son, por tanto, el canal perfecto para estudiar El modelo de Schramm y Roberts (1954) ya que las redes sociales se orientan hacia la bidireccionalidad, donde el emisor y el receptor interactúan en un proceso en el que el diseño del mensaje es la clave del éxito de la comunicación, y en el que el emisor busca intencionadamente el éxito de su comunicación (Mikáčová & Gavlaková, 2014).

El acto comunicativo surge del emisor, que quiere que la comunicación tenga lugar, y diseña un mensaje clave para una comunicación exitosa de su mensaje, y esa comunicación solo se produce si el receptor entiende el mensaje (Stidsen, 1975). En un contexto de redes sociales, esto implica que el usuario (emisor) elige cómo, cuándo y dónde compartir su experiencia (mensaje) en las redes sociales (canal), de tal manera que la comunidad (receptores) entiende ese mensaje e interactúa con el usuario (por ejemplo, dando me gusta o comentando la publicación del emisor; es decir, generando *engagement* en los receptores). Este último punto es muy importante porque la teoría de la comunicación considera que la recepción de un mensaje depende de las respuestas que genera (Peetz et al., 2016).

En el contexto del turismo y la hostelería, la teoría de la comunicación se ha aplicado para comprender cómo las DMO se comunican de manera efectiva con los turistas potenciales. Por ejemplo, las DMO crean campañas promocionales (mensaje) que se transmiten a través de plataformas de redes sociales (canal) como Instagram para atraer turistas (audiencia). Las métricas de interacción, como los Me gusta, las acciones compartidas y los comentarios (interacción), indican qué tan bien se ha recibido el mensaje y pueden influir en las decisiones de viaje de la audiencia (Filieri et al., 2021).

Específicamente en el contexto del contexto de las experiencias turísticas, el modelo de comunicación emisor-mensaje-receptor es apropiado ya que los turistas (emisores) pueden compartir sus fotos del destino (mensajes) en las redes sociales (canal) que son interpretadas en el extremo receptor del canal de comunicación por su comunidad (receptores), influyendo en sus actitudes y comportamiento hacia el contenido y el destino; por lo tanto, no es de extrañar que la teoría de la comunicación se haya aplicado en plataformas de redes sociales como Flickr (Kim y Stepchenkova, 2015) y X (Peetz et al., 2016). Sin embargo, hasta donde sabemos, el modelo de la teoría de la comunicación no se ha aplicado ampliamente al contexto de Instagram, que actualmente es la plataforma de redes sociales más exitosa para compartir contenido fotográfico (Arival, 2023).

Además, estudios previos sugieren que la efectividad del proceso de comunicación a través de las redes sociales en el contexto del turismo y la hostelería puede depender de las características del emisor y del mensaje (Akdim, 2021). Por lo tanto, aunque no se ha hecho ninguna diferenciación en la literatura previa entre los tipos de usuarios que construyen el TDI (por ejemplo, turistas vs. residentes), este proceso de comunicación también puede ser válido para los residentes que pueden publicar sus fotos de su lugar de residencia. Del mismo modo, las características del mensaje, como si la imagen se centra en un lugar de interés o en un servicio de hostelería (estímulo pictórico), los temas principales que se muestran en las imágenes de las redes sociales se relacionan con el TDI (Lai & To, 2015), y si la foto incluye personas o no (estímulo de centralidad), son uno de los elementos más importantes que afecta al *engagement* en las redes sociales TDI (Aramendia-Muneta et al., 2021; Tamaki, 2021) y puede afectar las respuestas de los clientes. Como resultado, basado en la teoría de la comunicación, este estudio diferenciará entre emisores (turistas vs. residentes) que comparten una publicación fotográfica (mensaje) con diferentes características en Instagram (canal), y cómo la comunidad (receptores) interactúa y se involucra con ese contenido (*feedback*).

Teoría de las imágenes mentales

Como se ha visto, la comunicación se ha entendido tradicionalmente como el proceso a través del cual un emisor transmite información a un receptor, y es particularmente relevante distinguir entre los diferentes roles funcionales que desempeñan el emisor y el receptor (Ferretti et al., 2022). El factor clave que el emisor tiene en cuenta es el efecto que su mensaje tendrá en los receptores. Sin embargo, desde el punto de vista de un receptor, el factor clave es la información recibida, y su comportamiento cambiará si recibe suficiente información y sabe cómo interpretarla (Carazo & Font, 2010).

Las imágenes son uno de los elementos clave que hacen que los mensajes transmitidos tengan un poder de influencia en los receptores, ya que permiten la generación de representaciones visuales y mentales de una escena que tiene propiedades similares a las representaciones provocadas por estímulos externos (Ferretti et al., 2022). Para abordar la necesidad de comprender cómo estas imágenes impulsan el comportamiento del consumidor, este estudio recurrió a la teoría de las imágenes mentales, que coloca la imaginación del cliente en el centro de su toma de decisiones (Heller et al., 2019).

Las imágenes mentales son una experiencia mental generada a partir de diferentes estímulos que surge en ausencia de estímulos físicos verdaderos, desencadenando un proceso por el cual la información visual se representa en la memoria de trabajo (MacInnis & Price, 1987; Schifferstein, 2009). Por ejemplo, cuando ven una imagen de un turista disfrutando de una experiencia turística, los clientes utilizan imágenes mentales para generar una representación en su mente y visualizarla en sus vidas, es decir, los usuarios tienen la capacidad de generar y transformar imágenes fuera de su experiencia sensorial (Heller et al., 2019; Pearson et al., 2015).

La actividad mental que conduce a la visualización imaginaria puede ser provocada con diferentes estímulos: visuales, olfativos, gustativos o hápticos (Miller & Stoica, 2004). En concreto, se ha encontrado que las imágenes mentales inducidas por estímulos visuales, como las fotos, son las más relevantes para el proceso de aprendizaje y establecimiento de información (Heller et al., 2019; Schifferstein, 2009). Además, se ha demostrado que, entre los diferentes estímulos sensoriales que transmite un destino turístico (como imágenes, sonidos y textos), solo las imágenes promueven la creación de imágenes mentales, reforzando una actitud positiva hacia el destino (Khalilzadeh et al., 2023; Lee y Gretzel, 2012).

Sin embargo, a pesar de la relevancia de los estímulos visuales, se ha prestado poca atención al papel de las imágenes mentales en las redes sociales, y específicamente en Instagram (Arival, 2023). Hoy en día, los usuarios pasan más de 2,2 horas de su tiempo de ocio en las redes sociales, lo que representa la mayor parte de su tiempo conectado a los medios (35% del total; DataReportal, 2022), y la mayoría declara que se inspira en las redes sociales para seleccionar su próximo destino (Arival, 2023). Ya que la elección del destino está influenciada por las imágenes mentales que los turistas se forman en base a la experiencia esperada en el destino (Lee y Gretzel, 2012; Oh et al., 2007), es necesario profundizar en este aspecto de la investigación y encontrar las razones que llevan a los usuarios a interactuar con las fotos del destino, haciendo que se vuelvan virales. Así, este estudio asocia las imágenes mentales que permiten los mecanismos cognitivos del procesamiento de la información previa al viaje al destino, con una variable clave que define la satisfacción de los receptores con el contenido compartido sobre la experiencia, es decir, el *engagement*.

El engagement *en las redes sociales*

Cuando las personas utilizan sus perfiles de redes sociales, entran en un círculo de envío y recepción continuo de información, en el que la principal acción de interacción es el *engagement* en las redes sociales (SMI) (Abbasi et al., 2023). En concreto, se define SMI desde una perspectiva conductual como la publicación-interacción en términos del número de me gustas y comentarios (Mele et al., 2023).

En el contexto del turismo y la hostelería, los SMI son una métrica de éxito importante para una DMO, ya que influyen en la actitud hacia los destinos turísticos (Filieri et al., 2021) y la percepción de los consumidores sobre una empresa de servicios de hostelería (Dijkmans et al., 2015). Además, la interacción de los usuarios con el contenido de las redes sociales refleja su efectividad, ya que los niveles más altos de interacción con determinados contenidos pueden traducirse en un comportamiento real del usuario, por ejemplo, el boca a boca sobre el destino o su visita (Pino et al., 2019). Es decir, los beneficios de compartir imágenes turísticas para el DTI solo se materializarán si los receptores responden al contenido, ya que la respuesta (es decir, me gusta, comentarios y acciones) significa que otros reflexionaron sobre la publicación y consideraron su contenido como importante (Tamaki, 2021).

Como resultado, las métricas de los SMI se utilizan comúnmente para medir y evaluar los resultados de marketing obtenidos por ciertos contenidos en las redes sociales, y varios estudios han examinado los determinantes que impulsan la viralidad del contenido generado por el usuario cuando este contenido es texto (Chintagunta et al., 2010; Tan et al., 2014). Sin embargo, el papel que desempeñan las imágenes y su contenido en la generación de *engagement* sigue siendo una cuestión en gran medida inexplorada (Li y Xie, 2020). A este respecto, hay pruebas de que los SMI se ven afectados no sólo por el contenido del mensaje (por ejemplo, el contenido pictórico), sino también por quién envía el mensaje (Pino et al., 2019). Este tipo de características pueden predecir diferencias en el *engagement* en las redes sociales (de Vries et al., 2017). A pesar de que la literatura sobre turismo dedica cada vez más atención a estos efectos (Pino et al., 2019), todavía carecemos de una visión completa de las características visuales relacionadas con el contenido de las imágenes que desencadenan el *engagement*. A partir de las teorías antes mencionadas y centrada en el contexto de Instagram, esta investigación pretende arrojar algo de luz sobre esta cuestión.

5.3. Formulación de hipótesis

Servicios de hostelería y puntos de interés como estímulo pictórico

El turismo implica el uso y disfrute de un conjunto de servicios, como el transporte, los atractivos turísticos, las actividades turísticas, la gastronomía o el alojamiento, promoviendo las experiencias turísticas de los destinos (Lugosi & Walls, 2013). En la fase de planificación de la visita a los destinos, los turistas tienen en cuenta varias cosas importantes. Por un lado, pretenden entender o imaginar qué puntos de interés visitarán en un destino y cómo será su experiencia. Por otro lado, también tienen en cuenta los servicios de hostelería (por ejemplo, las opciones de alojamiento) que pueden afectar a su experiencia en el destino (Han et al., 2011).

Basado en la teoría de las imágenes mentales (Schifferstein, 2009), las fotos de las redes sociales pueden ser fundamentales para anticipar la experiencia turística hoy en día. Sin embargo, investigaciones previas no han analizado imágenes diferenciando entre las características del entorno turístico: los puntos de interés y los servicios de hostelería (Zhang et al., 2023; Zuo et al., 2023). En general, los puntos de interés representan mejor la esencia de un destino turístico que los servicios de hostelería, y el receptor, en su representación mental de la foto (Aramendia-Muneta et al., 2021; Tamaki, 2021), puede comprender mejor las emociones positivas del mensaje transmitido por el emisor, lo que se traduce en una mayor interacción con el contenido publicado. Por lo tanto, proponemos la siguiente hipótesis:

> **H1.** Las publicaciones de Instagram centradas en puntos de interés de un destino turístico generarán mayor *engagement* que las publicaciones de Instagram centradas en servicios de hostelería.

La centralidad como estímulo de centralidad

A la hora de analizar el contenido visual compartido por los turistas, es importante tener en cuenta la diferenciación entre fotos con y sin personas en el destino. Aunque algunos estudios han clasificado los tipos de imágenes que se fotografían en el destino, llegando a la conclusión de que la gran mayoría están relacionadas con la comida, el alojamiento o los puntos de interés (Huai et al., 2022; Li et al., 2023; Wang et al., 2020), es necesario hacer una subclasificación para considerar si las personas aparecen o no en la escena representada, ya que la persona es un elemento central en el *engagement* que recibe una foto (Aramendia-Muneta et al., 2021; Tamaki, 2021; Zhang et al., 2023). El concepto de centricidad, tal como se utiliza en este estudio, se refiere a si las fotografías incluyen personas o no. Esto está respaldado por investigaciones anteriores que indican que las fotos en las que aparecen personas tienden a atraer más *engagement* en términos de me gusta y comentarios: específicamente, las fotos con rostros tienen significativamente más probabilidades de recibir me gusta y comentarios en comparación con las que no tienen rostros (Bakhshi et al., 2014). El hecho de que las personas aparezcan en las fotografías, y el contexto, son una de las variables más importantes en el estudio de la TDI (Aramendia-Muneta et al., 2021). El contenido que los turistas muestran en las imágenes se puede clasificar en diferentes categorías, como "egocéntricos", fotos que muestran a los usuarios experimentando el destino, y "destino-céntricos", fotos centradas en los atributos del destino, sin centrarse en las personas (Tussyadiah & Fesenmaier, 2009), entre otros tipos.

En este sentido, algunos autores argumentan que la forma en que se representa un lugar refleja la forma en que se representa el yo a través de la fotografía, pudiendo elegir si el turista se convierte en el sitio o no (Dinhopl & Gretzel, 2016; Lo & McKercher, 2015). Algunos estudios sugieren que las publicaciones que expresan la presencia de la persona fomentan los me gustas (Tamaki, 2021), probablemente porque es más fácil para el receptor imaginar la experiencia positiva que el emisor está viviendo. Además, un estudio reciente también concluye que la presencia de una persona en las fotografías permite a los usuarios imaginar sus futuras experiencias de viaje en las escenas de viaje representadas, lo que contribuye al atractivo percibido del destino (Li y Wan, 2025).

Con base en lo anterior, este estudio sugiere que las publicaciones de Instagram que incluyen fotos con personas generarán más *engagement* y propone la siguiente hipótesis:

H2. Las publicaciones de Instagram con fotos que incluyan personas generarán mayor engagement que las que no las tengan.

Turistas y residentes como generadores de contenidos

El emisor del mensaje en un contexto turístico relacionado con las redes sociales es sumamente importante, ya que es la persona quien decide qué experiencia mostrar a su comunidad, cuándo hacerlo y a través de qué estímulos (Kim y Stepchenkova, 2015). En este sentido, hay dos tipos de emisores que pueden emitir un mensaje sobre un destino: los turistas y los residentes (Lin et al., 2017). Tanto los turistas como los residentes son actores clave de las ciudades (Molinillo et al., 2019) así como generadores de contenidos que co-crean la imagen del destino, que pueden dar forma a la imagen de la ciudad, y que interactúan entre sí a través de los contenidos generados en las redes sociales (Priporas et al., 2020). Sin embargo, los estudios anteriores se centran principalmente en los turistas (p. ej., An et al., 2020; Bufquin et al., 2020; Tamaki, 2021).

Hay evidencia que muestra que estos grupos se comportan de manera diferente. Por ejemplo, es más probable que los turistas tomen fotografías relacionadas con la identidad del lugar, las esculturas y los edificios (Huai et al., 2022), mientras que los residentes prefieren frecuentar puntos de entretenimiento, compras y servicios de hostelería, como restaurantes (Khan et al., 2020)y prestar más atención al entorno natural y a la cultura (Zhang et al., 2020). En cualquier caso, a la hora de viajar, los turistas muestran imágenes diferentes a las habituales, mientras que los residentes muestran puntos de interés y elementos comunes (Gunter & Önder, 2021), para que los seguidores de los turistas queden más impresionados por la originalidad y reaccionen con más me gustas y comentarios a las publicaciones de los turistas. Además, basado en la teoría de las imágenes mentales (Schifferstein, 2009), los seguidores se identificarán más fácilmente con la experiencia turística positiva cuando el foco de la imagen sea un lugar de interés y cuando las personas estén incluidas en la foto. Por un lado, los puntos de interés son más representativos de la identidad del destino (p. ej., Belanche, Casaló y Flavián, 2017), para que los seguidores puedan imaginar más fácilmente lo positiva y especial que es la experiencia. Por otro lado, una imagen vale más que mil palabras, por lo que es más fácil imaginar la experiencia turística positiva cuando las personas están incluidas en la imagen. A su vez, los seguidores de los residentes pueden estar más familiarizados con las publicaciones ya que incluyen contenidos más relacionados con la vida cotidiana del residente. Como resultado, este estudio proponen las siguientes hipótesis:

H3. Las publicaciones de Instagram de los turistas generarán un mayor *engagement* que las publicaciones de Instagram de los residentes.

H4. El tipo de emisor (turista vs. residente) moderará el efecto propuesto en H1, de manera que este efecto se verá reforzado cuando el emisor sea un turista.

H5. El tipo de emisor (turista vs. residente) moderará el efecto propuesto en H2, de forma que este efecto se verá reforzado cuando el emisor sea un turista.

En resumen, este estudio desarrolla un modelo teórico sobre cómo las características del mensaje y del emisor afectan al receptor y su comportamiento con ese contenido. Además, esta investigación considera la cantidad de hashtags y menciones como variables de control, sabiendo que la razón por la que los usuarios los implementan es para volverse populares y obtener más me gusta (Chatzopoulou et al., 2020). Asimismo, otra variable que nos permite controlar este estudio es la tasa de influencia, medida a través del conteo de seguidores y seguidores. Estas medidas ya han sido probadas previamente para determinar su efecto en el *engagement* en Instagram (Tafesse & Wood, 2021). El marco de investigación se puede ver en **Figura 8.**

5.4. Metodología

Para probar el modelo propuesto, en esta investigación se implementaron diferentes técnicas de descarga de datos (primera fase), estructuración y limpieza de la base de datos (segunda fase), análisis de datos textuales (tercera fase) y datos fotográficos (cuarta fase), manipulación de variables (quinta fase) y el análisis estadístico final (sexto análisis). El procedimiento de investigación se presenta en la **Figura 9.**

La **primera fase** consistió en descargar imágenes, textos y metadatos de los puntos de interés del destino. En concreto, se descargaron 139.273 publicaciones compartidas por los usuarios de Instagram en el destino seleccionado mediante la técnica de *web scraping*. El destino elegido pertenece a una de las rutas del Camino de Santiago, declarado Patrimonio de la Humanidad por la UNESCO (UNESCO, 2023) con características específicas y homogéneas que permiten analizar sin sesgos relacionados con el comportamiento de los turistas, como puede existir en otro tipo de destinos, como el de sol y playa.

Figura 8. Marco de investigación

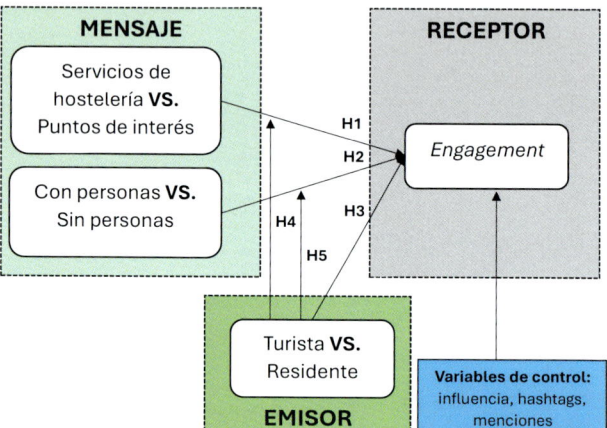

El *web scraping* es una técnica que ha crecido rápidamente en las disciplinas del marketing y el contexto turístico, y consiste en extraer datos de páginas web de forma organizada y automatizada (Yu y Egger, 2021). La técnica de *web scraping* refleja tres ventajas principales. La primera es que permite la descarga automatizada, estructurada y rápida de datos en la red (Arefeva & Egger, 2022). Otra ventaja es que permite obtener cualquier tipo de datos compartidos en Instagram, como fotos en formato .jpg o .png, textos UTF-8 y emojis, y metadatos de los usuarios que comparten el contenido, como su nombre de usuario y ubicación, los me gustas y comentarios de la publicación, o los seguidores y los seguidores del usuario. La tercera ventaja es que estos datos se anonimizan en el momento de la construcción de la base de datos de descarga, antes de la descarga, lo que nos permite cumplir con la Ley Europea de Protección de Datos (Yu y Egger, 2021).

Figura 9. Procedimiento de investigación

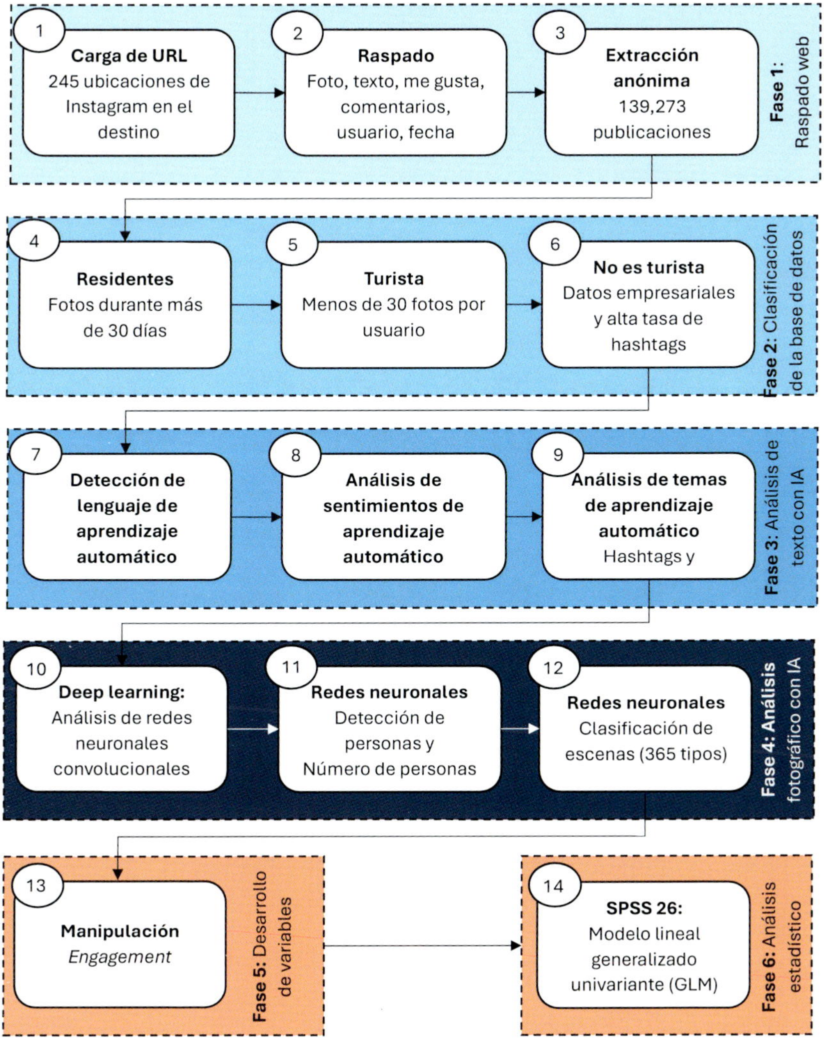

La técnica de *web scraping* es crucial para mejorar el análisis del *engagement* en las redes sociales y la comprensión del comportamiento de los viajeros, ya que se ha demostrado que el *engagement* determina las intenciones de viaje (Tran & Rudolf, 2022).

La **segunda fase** ha consistido en diferenciar entre turistas y residentes dentro de la base de datos, dada la importancia de conocer el perfil del emisor. En este caso, las fotos analizadas fueron compartidas entre 2010 y 2022. Cada foto va acompañada de metadatos que permiten identificar al usuario a través de un ID anonimizado. Este código nos permite saber cuántas fotos ha subido cada usuario en ese periodo de tiempo; Por lo tanto, al agrupar toda la información de cada código anonimizado de cada usuario, podemos saber si esa persona es un turista o un residente. Con el fin de distinguir entre turistas y residentes en esta base de datos, se aplicaron dos métodos.

La primera fue etiquetar la base de datos en dos tipos: los usuarios que habían publicado fotos en ese destino durante 30 días consecutivos o menos, en este caso se consideraban visitantes, y los usuarios que habían publicado fotos durante más de 30 días, en este caso se consideraban residentes (Gunter & Önder, 2021). El segundo método consistió en etiquetar y dividir la base de datos entre los usuarios que habían publicado 30 fotos o menos en el destino, en cuyo caso eran considerados turistas (Gomez et al., 2019). Además, para reducir el riesgo de perderse las elecciones, se descartaron las publicaciones que contenían datos comerciales, como cuentas de correo electrónico y números de teléfono, y las publicaciones que contenían una alta tasa de hashtags (Gomez et al., 2019). La alta tasa de hashtags en una publicación se logró a través de técnicas de aprendizaje automático que se explican a continuación.

La **tercera fase** Consistió en el análisis del sentimiento de los textos que acompañaban a las fotos utilizando técnicas de *machine learning*, una vez que la base de datos fue etiquetada con turistas y residentes. Se han empleado metodologías avanzadas, como el aprendizaje automático, para mejorar la medición y el análisis de las experiencias de marca en los destinos (Calderón-Fajardo et al., 2024). En esta investigación, el modelo de aprendizaje automático NLTK (NLTK, 2023) se implementó para el análisis de sentimientos, se basa en código Python y pertenece al software de código abierto. Esta herramienta con enfoque de *machine learning* permite realizar análisis de sentimiento a través del análisis de contenido de texto utilizando un modelo preentrenado y devuelve una calificación entre -1 (el texto más negativo posible) y 1 (el más positivo posible). Dado que el objetivo de este estudio es comprender cómo las publicaciones de Instagram pueden ayudar a desarrollar un TDI positivo y fuerte (Holbrook & Hirschman, 1982), el análisis de sentimientos permitió detectar experiencias positivas transmitidas, evitando experiencias neutras o negativas, que no son objeto de este estudio. Finalmente, se obtuvieron 27.088 publicaciones de sentimiento positivo (con una polaridad entre 0,5 y 1, como se puede observar en la Tabla 1, que refleja una publicación positiva o extremadamente positiva). Estas publicaciones se analizaron utilizando técnicas de aprendizaje profundo, que se explican a continuación. La técnica de *machine learning* también permitió conocer el número de hashtags y el número de menciones a otros usuarios de Instagram en cada publicación, dos de las variables de control de este estudio.

La **cuarta fase** Consistió en extraer información de las fotos. Para ello, se aplicaron métodos de aprendizaje profundo a través del marco de redes neuronales convolucionales para Python con diferentes clasificaciones. Es importante tener en cuenta que, aunque el aprendizaje automático y el aprendizaje profundo son técnicas de inteligencia artificial, tienen diferencias importantes. Mientras que las técnicas de aprendizaje automático funcionan con algoritmos de regresión y/o árboles de decisión, las técnicas de aprendizaje profundo utilizan redes neuronales que intentan imitar el funcionamiento de las redes neuronales biológicas (T.K. et al., 2021).

El método de inteligencia artificial más útil para la clasificación de imágenes son las redes neuronales, ya que permiten, entre otros, la clasificación de imágenes en función de los diferentes objetos que se encuentran dentro de la imagen (como personas, monumentos, objetivos, etc.) Estas redes se entrenan a partir de millones de imágenes. Esta base de datos se divide en pruebas de entrenamiento y prueba, y esto permite que las redes neuronales aprendan de los píxeles y las etiquetas de las imágenes. Las redes crean diferentes capas y convoluciones y se convierten en modelos que los usuarios pueden adaptar en las últimas capas para implementarlos en sus bases de datos. Por este motivo, en esta investigación se aplicaron diferentes redes neuronales de código abierto que ya están preentrenadas.

La primera red neuronal implementada es DeepFace (Serengil, 2023), un modelo de código abierto que permite un fácil reconocimiento y análisis de atributos faciales utilizando Python. Esta red neuronal se desarrolló utilizando modelos de última generación como VGG-Face, Google FaceNet, OpenFace, Facebook DeepFace, DeepID, ArcFace, Dlib y SFace. Su precisión es superior a la del cerebro humano, situada en el 97,53%. Esta primera red neuronal permitió saber si las personas aparecían en las fotos o no. Además, se pudo conocer el número total de personas en cada foto. Esto nos permitió obtener la variable de centralidad de este estudio, en la que cero personas significa "sin personas" y una o más personas significa "con personas".

La segunda red neuronal, llamada places365 (Kalliatakis, 2020), permitió conocer el tipo de escena transmitida en cada foto. Esta red neuronal se entrenó con 1,8 millones de imágenes de 365 categorías de escenas e implementó los modelos Keras de las CNN VGG16 preentrenadas en Places365-Standard (Zhou et al., 2018). Esta variable, junto con la ubicación de cada foto obtenida de los metadatos de la descarga del *web scraping*, nos permitió distinguir entre escenas en el destino (fotos con monumentos, museos, características generales del destino, etc.), o escenas relacionadas con los servicios de hostelería (fotos en bares, pubs, restaurantes, etc.).

La **quinta fase** Consistió en la creación y manipulación de las variables una vez obtenida la base de datos. En primer lugar, siguiendo la métrica más extendida en el mundo académico, la tasa *engagement* se refiere al número medio de interacciones, en el caso de los comentarios y los "me gusta" de Instagram (ya que el intercambio no está disponible en Instagram (Li y Xie, 2020), y en el número de seguidores durante el período de tiempo seleccionado, expresado como porcentaje (Yost, Zhang y Qi, 2021). Por lo tanto, medimos el *engagement* con cada publicación como el número total de me gustas y comentarios en relación con el número de seguidores del usuario que publicó la publicación en Instagram (Hauser et al., 2022).

En cuanto a las variables de control, se identificó el número de hashtags y menciones de la publicación, y se diferenciaron entre las que tenían y no tenían hashtags y menciones. Asimismo, se calcula una tasa de influencia comparando el número de seguidores y seguidos del emisor. En este sentido, se asocia una mayor influencia al emisor cuando tiene un mayor número de seguidores que de seguidores (Tafesse & Wood, 2021). La estructura y clasificación de toda la base de datos obtenida después de estas cinco etapas se puede ver en la **Tabla 5**.

Tabla 5. Clasificación de las variables

Variable	Medida	Tipo	Técnica	Autor
engagement	$\dfrac{\text{Me gusta + Comentarios}}{\text{Seguidores}}$	Continuo	Raspado web	Yost et al. (2021)
Estímulo pictórico	$\dfrac{1 = \text{Puntos de interés}}{0 = \text{Servicios de hostelería}}$	Dicotómicas	Web scraping y aprendizaje profundo	Zhang et al. (2020)
Centricidad	$\dfrac{1 = \text{Con la gente}}{0 = \text{Sin gente}}$	Dicotómicas	Web scraping y aprendizaje profundo	Adaptado de Aramendia-Muneta et al. (2021)
Emisor	$\dfrac{1 = \text{Turista}}{0 = \text{Residente}}$	Dicotómicas	Raspado web	Kim y Stepchenkova (2015); Peetz et al. (2016)
Influencia	$\dfrac{\text{Seguidores} \quad >1 \to \textit{Influencer}}{\text{Seguidos} \quad = <1 \to \text{No } \textit{influencer}}$	Dicotómicas	Raspado web	Tafesse y Madera (2021)
Hashtags	$\dfrac{1 = \text{Hashtags incluidos}}{0 = \text{Hashtags no incluidos}}$	Dicotómicas	Web scraping y aprendizaje automático	Chatzopoulou et al. (2020)
Menciona	$\dfrac{1 = \text{Menciones incluidas}}{0 = \text{Menciones no incluidas}}$	Dicotómicas	Web scraping y aprendizaje automático	Chatzopoulou et al. (2020)
Polaridad	Entre -1 y 1	Continuo	Web scraping y aprendizaje automático	Bhatt y Pickering (2023)

Como resultado de este proceso, el conjunto final de datos a analizar constó de 27.088 publicaciones. Es importante destacar que todos los grupos considerados en esta investigación (de acuerdo con los diferentes tipos de emisores y los diferentes estímulos sobre el mensaje) estuvieron altamente representados (**Tabla 6**).

Tabla 6. Clasificación de la muestra

Constructo	Variables	Muestra
Estímulo pictórico	Puntos de interés	18.459
	Servicios de hostelería	8.629
Centricidad	Con las personas	10.538
	Sin gente	16.550
Emisor	Turista	16.437
	Residente	10.651

La **sexta fase** Consistió en un análisis estadístico para analizar el efecto de las diferentes variables independientes sobre el *engagement*. Se realizó un análisis del modelo lineal generalizado univariado (UGLM) de *IBM SPSS statistics v.26*. Este tipo de método proporciona un análisis de regresión y un análisis de varianza para una variable dependiente utilizando varios factores o variables. Además, esta metodología permite introducir los efectos de las covariables o variables de control (IBM, 2022), lo que permitió medir el efecto de los hashtags, las menciones y la influencia del emisor en el modelo. Además, este tipo de análisis permitió estudiar tanto los efectos directos entre variables como el efecto moderador de la variable emisor en la relación entre el tipo de contenido y el *engagement*.

5.5. RESULTADOS

Los resultados del análisis de UGLM muestran que existen diferencias significativas en el *engagement* (la **Tabla 7** muestra resultados descriptivos para el *engagement* según los diferentes subgrupos formados por las variables independientes). En primer lugar, centrándonos en los efectos directos, encontramos apoyo para H1 ya que los estímulos pictóricos influyen en el *engagement* ($F_{1, 27.086} = 16,443$, $p < 0,01$). En concreto, se produce un mayor *engagement* cuando las publicaciones se refieren a puntos de interés (M = 8,999) en lugar de a servicios de hostelería (M = 4,335). Estos resultados están en línea con revisiones previas de la literatura que encontraron que las fotos relacionadas con restaurantes u hoteles recibieron menos comentarios y me gusta (Aramendia-Muneta et al., 2021). De manera similar, el análisis UGLM revela diferencias significativas en el acoplamiento obtenido cuando cambia el tipo de centricidad, por lo que también se admite H2 ($F_{1, 27,086}$ = 3,858, p < 0,01). En este caso, se encuentra un mayor *engagement* para las fotos con personas (M = 9,410) que sin personas (M = 6,311). Este resultado también nos permite ratificar resultados previos en la literatura sobre el ser humano como elemento central de la fotografía para lograr un mayor *engagement* (Aramendia-Muneta et al., 2021; Zhang et al., 2020), por lo que las fotos deben incluir personas que demuestren que se están divirtiendo y entreteniendo durante su experiencia para obtener un mayor *engagement* (Hou & Pan, 2023). Además, en apoyo de H3 ($F_{1, 27,086}$ = 5,375, p < 0,01), también encontramos diferencias significativas en el *engagement* obtenido cuando cambia el tipo de emisor. Se observa un mayor *engagement* cuando el emisor es un turista (M = 8,662) que cuando son residentes (M = 5,741). Por lo tanto, nuestros resultados son consistentes con la literatura previa que indica que los turistas reciben más comentarios y me gusta que los residentes del destino (Gunter & Önder, 2021). De hecho, cuando los turistas viajan, están mostrando una faceta de su vida cotidiana que es diferente a lo habitual, mientras que los residentes muestran puntos de interés y elementos comunes con su comunidad, que no son tan impresionantes como el contenido mostrado por un turista, y por lo tanto reciben una menor tasa de *engagement* (Gunter & Önder, 2021).

En cuanto a los efectos moderadores propuestos en el modelo de investigación, encontramos un efecto moderador significativo del perfil del emisor sobre la influencia de la centralidad en el *engagement,* lo que apoya H5 ($F_{1, 27,086}$ = 7,036, p < 0,01). En particular, el efecto propuesto en H1 se ve reforzado cuando el emisor es un turista. En concreto, si un turista comparte contenido, aparecen mayores diferencias en el *engagement* cuando la foto incluye personas (M = 11,581) que cuando no se incluye a nadie (M = 6,772). A su vez, casi no hay diferencia en el *engagement* cuando el emisores un residente, con un *engagement* incluso un poco mayor cuando no hay personas en la foto ($M_{Con\ las\ personas}$ = 5,952, $M_{sin\ gente}$ = 5,611) (**Figura 10**). Por lo tanto, cuando los turistas comparten su experiencia en Instagram, su comunidad espera que su experiencia sea representada por la persona en ese destino, algo inherente a la teoría de las imágenes mentales. En otras palabras, es sumamente importante ver a la persona disfrutando de la experiencia turística, y por esta razón las imágenes de los turistas reciben una mayor tasa de *engagement*; Sin embargo, para los espectadores de contenido de los residentes, las personas no son tan importantes, sino el contexto es importante (Zhang et al., 2023).

Sin embargo, H4 no es compatible ya que el perfil del emisorno modera la influencia de los estímulos pictóricos en el *engagement* ($F_{1,\,27,086} = 0,002$; p > 0,1). Los resultados muestran que, en comparación con un contexto de servicio, las fotos en puntos de interés aumentan el *engagement* de manera similar para ambos tipos de emisores (**Figura 11**). En cualquier caso, independientemente de si la foto se realiza en un contexto de lugar de interés o de servicio de hostelería, los usuarios que más *engagement* obtienen son los turistas, probablemente porque, como se ha comentado anteriormente, se encuentran en un contexto diferente al de su rutina. A su vez, los residentes muestran fotos en un contexto con el que la mayoría de su comunidad está familiarizada.

En cuanto a las variables de control, tanto el nivel de influencia del usuario que comparte la imagen ($F_{1,\,27,086} = 12,844$, p < 0,01) y el número de hashtags ($F_{1,\,27,086} = 15,068$, p < 0,01) son significativas, pero el número de menciones a otros usuarios de Instagram no lo es ($F_{1,\,27,086} = 0,074$). Aunque los usuarios hacen uso de hashtags y menciones a otros usuarios para obtener más *engagement* y ser más populares, se puede ver que el uso de más menciones no es significativo (Chatzopoulou et al., 2020). Los resultados son consistentes cuando consideramos los me gusta o los comentarios por separado. Aunque los antecedentes que influyen en el *engagement* son similares, es importante tener en cuenta que la mayor parte del *engagement* se compone de me gusta. Esta observación se alinea con la literatura existente, que sugiere que los "me gusta" son más frecuentes debido a la facilidad y el mínimo esfuerzo requerido en comparación con los comentarios (Tamaki, 2021). Por ejemplo, las publicaciones en las que aparece la presencia de una persona tienden a fomentar más me gustas, ya que facilitan la capacidad del receptor para imaginar la experiencia positiva del emisor, fomentando así una forma rápida y sin esfuerzo del SMI (Roma & Aloini, 2019; Smith et al., 2012). Esto pone de manifiesto una distinción significativa en la forma en que los "me gusta" y los comentarios contribuyen a la *engagement* general, siendo los "me gusta" la forma dominante debido a su simplicidad.

Tabla 7. Estadística descriptiva (variable dependiente: *engagement*)

Centricidad	Emisor	Estímulo pictórico	Sign.	Desviación estándar	n
Sin gente	Residente	Servicio de hostelería	2,692	3,616	3.440
		Lugar de interés	8,814	66,303	3.134
		Total	5,611	45,952	6.574
	Turista	Servicio de hostelería	4,413	7,296	2.399
		Lugar de interés	7,519	25,435	7.577
		Total	6,772	22,492	9.976
	Total	Servicio de hostelería	3,399	5,503	5.839
		Lugar de interés	7,898	41,761	10.711
		Total	6,311	33,822	16.550
Con las personas	Residente	Servicio de hostelería	4,819	5,241	1.635
		Lugar de interés	6,711	7,161	2.442
		Total	5,952	6,525	4.077
	Turista	Servicio de hostelería	8,381	21,920	1.155
		Lugar de interés	12,277	119,697	5.306
		Total	11,581	108,875	6.461
	Total	Servicio de hostelería	6,294	14,765	2.790
		Lugar de interés	10,523	99,166	7.748
		Total	9,410	85,389	10.538
Total	Residente	Servicio de hostelería	3,377	4,324	5.075
		Lugar de interés	7,893	49,940	5.576
		Total	5,741	36,325	10.651
	Turista	Servicio de hostelería	5,703	13,980	3.554
		Lugar de interés	9,479	79,285	12.883
		Total	8,662	70,509	16.437
	Total	Servicio de hostelería	4,335	9,633	8.629
		Lugar de interés	8,999	71,701	18.459
		Total	7,512	59,477	27.088

Figura 10. Media de *engagement* según el tipo de emisor y la centralidad

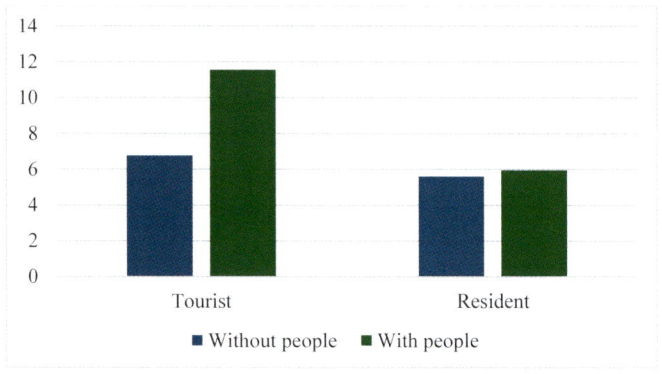

Figura 11. Media de *engagement* según el tipo de emisor y el tipo de estímulo pictórico

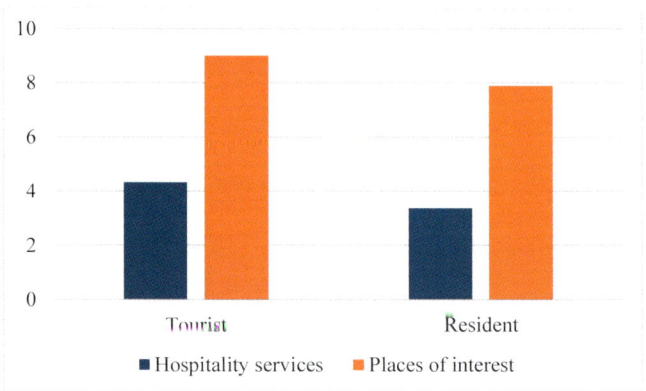

ANÁLISIS POST HOC

Dado que la variable control de influencia es significativa, se ha realizado un análisis post hoc para comprobar si esta significación se produce en diferentes rangos de influencia. Tras el análisis de la prueba t para muestras independientes de influencia, en el que se encuentra que existen diferencias significativas en las tasas de *engagement* de las personas influyentes y las que no lo son, la muestra de *influencers* se dividió en cuatro grupos (Deng et al., 2022):

- Grupo 1: hasta 1.000 seguidores (N=13.066).
- Grupo 2: entre 1.000 y 10.000 (N=15.161).
- Grupo 3: entre 10.000 y 100.000 (N=2.798).
- Grupo 4: más de 100.000 (N=182).

El estadístico de Levene de la prueba de homogeneidad de varianzas refleja que las diferencias son significativas en el *engagement*, al igual que el ANOVA (**Figura 12**). En concreto, si se compara el grupo de hasta 1.000 seguidores, existen diferencias significativas en el *engagement* entre los tres grupos: entre 1.000 y 10.000 ($p < 0,00$), entre 10.000 y 100.000 ($p < 0,00$), y en el grupo de más de 100.000 seguidores ($p = 0,07$). Sin embargo, no hay diferencias significativas entre el segundo grupo en comparación con el tercero y el cuarto, ni entre el tercero y el cuarto, posiblemente debido a la pequeña muestra analizada. De acuerdo con Deng et al. (2022), el número de seguidores de los usuarios afecta a su tasa de *engagement*, pero hay que tener en cuenta otro tipo de variables como la información sociodemográfica o de tipología de viaje.

Figura 12. Promedio de engagement de los SMIs según los seguidores

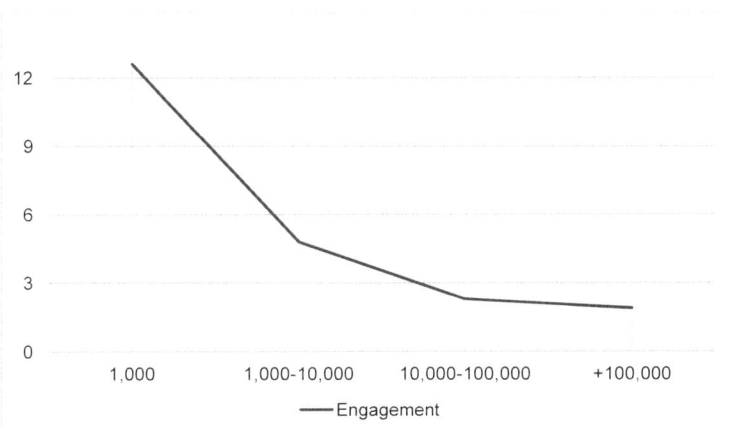

5.6. CONCLUSIONES Y DISCUSIÓN

Esta investigación analiza el *engagement* recibido por 27.088 publicaciones de Instagram por parte de diferentes tipos de usuarios (turistas y residentes) en función de su contenido (servicios de hostelería y puntos de interés), y su centralización (con personas o sin personas), basándose en las teorías de la comunicación y el imaginario mental para entender las respuestas de los usuarios al TDI en las publicaciones en redes sociales. Además, se analiza el efecto moderador del tipo de emisor y se controla su influencia a través del número de hashtags, menciones y la propia influencia. Previo al análisis estadístico, se realizó un filtrado de la base de datos y un análisis de contenido mediante inteligencia artificial de textos, imágenes y metadatos. Los resultados proporcionan a los DMO y a los usuarios de las redes sociales información sobre sus estrategias de Instagram.

Implicaciones teóricas

Este estudio contribuye a una mejor comprensión de los mecanismos que explican la creación de un vínculo con el destino provocado por la visualización de contenidos visuales generados tanto por turistas como por residentes sobre el destino turístico en las redes sociales. En concreto, los resultados permiten confirmar tanto la teoría de la comunicación como la teoría de la imaginería mental como teorías explicativas del comportamiento en las redes sociales en contextos turísticos. Por un lado, la teoría de la comunicación ayuda a explicar el proceso de comunicación que existe en las redes sociales cuando los residentes o turistas (emisor) comparten una imagen sobre un destino (mensaje) en Instagram (canal) que puede ser vista por otros usuarios de la aplicación (receptores), que pueden interactuar con la publicación (*feedback*).

Por otro lado, la teoría de las imágenes mentales sirve para entender por qué tanto los estímulos pictóricos (servicios de hostelería vs. puntos de interés) como los estímulos de centralidad (con vs. sin personas) del mensaje afectan la respuesta de los receptores. En este sentido, la teoría de las imágenes mentales apoya la idea de que los receptores se identifican más fácilmente con la experiencia turística positiva cuando las personas están incluidas en la foto (por lo que es más fácil ver lo que están sintiendo) y cuando el foco de la imagen es un lugar de interés, lo que representa mejor la esencia de un destino turístico. Además, debido a la originalidad de visitar un destino turístico, el efecto de los estímulos de centralidad se refuerza cuando el emisor es un turista, ya que es más fácil para el receptor entender cómo el emisor está disfrutando de la situación cuando aparece en la publicación. Como resultado, este estudio amplía la literatura sobre turismo y gestión de destinos centrándose en el contenido visual y probando empíricamente el efecto de los estímulos mencionados incluidos en las imágenes compartidas en Instagram (centralidad y pictórica) en el *engagement* que genera el contenido.

Además, las imágenes mentales podrían integrarse en el modelo de Estímulo-Organismo-Respuesta (S-O-R) (Mehrabian & Russell, 1974) para entender por qué la audiencia interactúa con el contenido. Según el modelo S-O-R, el estímulo (S) es la publicación de Instagram, que incluye elementos visuales como fotos de puntos de interés y servicios de hostelería. La respuesta (R) es el *engagement* medido a través de me gusta, comentarios y acciones. El componente faltante, el organismo (O), involucra el procesamiento cognitivo y emocional por parte de la audiencia, que puede explicarse a través de la teoría de las imágenes mentales. La teoría de las imágenes mentales postula que los estímulos visuales, como las fotos, desencadenan imágenes mentales en la mente de la audiencia, lo que les facilita imaginar que experimentan las escenas representadas por sí mismos. Esta facilidad de imaginar actuaría como el organismo (O) en el modelo S-O-R, mediando la relación entre el estímulo y la respuesta. Investigaciones posteriores deberían confirmar esta propuesta en un diseño experimental.

Además, este estudio contribuye a investigaciones previas que analizaron la relación entre las escenas y la tasa de *engagement* (Aramendia-Muneta et al., 2021), al diferenciar entre puntos de interés y servicios de hostelería en el destino, revelando que la tasa de *engagement* es mayor en los primeros, como se ha explicado anteriormente. Por último, el estudio aporta implicaciones importantes para la literatura de TDI, ya que sirve para entender bajo qué estímulos (incluidos en la foto compartida en Instagram) se genera un mayor *engagement* con el contenido y, en consecuencia, se puede formar una TDI más positiva.

Implicaciones empresariales y de gestión

Los hallazgos de este estudio proporcionan evidencia para comprender qué tipo de contenido es mejor usar en las promociones de marketing visual en las redes sociales. Esta investigación permite plantear líneas estratégicas de acción para las DMOs. En primer lugar, es sorprendente saber que tanto las fotos centradas en el destino como las centradas en la hostelería ganan más *engagement* cuando las personas están en las fotos. Por lo tanto, dado que el marketing de contenidos en las redes sociales está creciendo cada vez más, las DMO deben alentar a los turistas y gerentes de turismo a compartir fotos con un elemento humano. Además, los resultados sugieren que un mayor nivel de influencia del usuario que comparte la imagen puede servir para aumentar el *engagement*. Para aprovechar este resultado, una buena estrategia podría ser, dentro de un proceso de colaboración y co-creación de TDI, cooperar con *influencers* de las plataformas de redes sociales, instándolos a compartir experiencias con elementos humanos (Femenia-Serra et al., 2022; Zhang et al., 2023).

Además, dado que las fotos de puntos de interés y servicios de hostelería ganan más *engagement* cuando el emisor es un turista, este estudio recomienda fomentar el intercambio de fotos durante la experiencia turística (Araujo-Batlle et al., 2023). Más específicamente, dado que las fotos de destinos duplican la tasa de *engagement* de los servicios de hostelería, las DMO deben promover la toma de fotos en "puntos instagrameables", por ejemplo, creando puntos para *selfies*. En cualquier caso, nuestros resultados sugieren que los gestores de servicios de hostelería en el destino deberían incluir a los clientes en sus fotos para obtener una mayor tasa de *engagement* en las publicaciones relacionadas con el servicio de hostelería.

Por último, este estudio aboga por la tecnología de inteligencia artificial y el análisis automático de los contenidos compartidos en las plataformas de redes sociales a través de técnicas de *big data* y *machine learning* y *deep learning*. Ya existen numerosos modelos de código abierto para ayudar a las DMO a detectar de manera eficiente y precisa las propiedades visuales de las fotos generadas por los turistas (Zhang et al., 2023).

Implicaciones metodológicas

La fundamentación metodológica de este estudio es notablemente avanzada, haciendo hincapié en la aplicación de técnicas de vanguardia como el *web scraping* para la recogida automatizada de datos y la IA, incluyendo el *machine learning* y el DL para análisis innovadores de publicaciones de Instagram relacionadas con destinos turísticos. La utilización del *web scraping* permite la extracción sistemática de un vasto conjunto de datos de 139.273 publicaciones, lo que constituye un avance metodológico significativo al automatizar el proceso de recopilación de datos y garantizar una muestra completa para el análisis. Este enfoque es particularmente valioso para los investigadores que buscan analizar datos de redes sociales a gran escala de manera eficiente.

Además, la integración del aprendizaje automático para el análisis de contenido textual y la DL para el análisis de contenido visual representa un salto metodológico en el examen del *engagement* en las redes sociales. Al aplicar estas técnicas de IA, el estudio no solo analiza datos voluminosos, sino que también profundiza en la comprensión de los matices del *engagement* de los usuarios mediante el análisis tanto del texto como de las imágenes en las publicaciones de Instagram. Estos análisis innovadores permiten un examen más detallado de cómo los diferentes tipos de contenido, específicamente los estímulos pictóricos como los puntos de interés frente a los servicios de hostelería, y las imágenes con frente a las sin personas, afectan al *engagement* de los usuarios. La aplicación de modelos de aprendizaje automático como NLTK para el análisis de sentimientos y el uso de redes neuronales convolucionales para la clasificación de imágenes (Kalliatakis, 2020; Serengil, 2023) subrayar la sofisticación de los métodos analíticos empleados.

Las implicaciones metodológicas del empleo de tecnologías de IA como el aprendizaje automático y la enseñanza a distancia en los estudios de redes sociales son profundas. Demuestran un movimiento hacia análisis más sofisticados, eficientes y matizados capaces de manejar conjuntos de datos complejos y grandes comunes en las plataformas de redes sociales. Este enfoque no solo mejora la precisión y la profundidad del análisis de contenido, sino que también abre nuevas posibilidades para que los investigadores exploren y comprendan la dinámica del *engagement* en línea con un nivel de detalle que antes era inalcanzable con métodos manuales. Este estudio sienta un precedente para futuras investigaciones en marketing turístico y más allá, destacando el potencial de las metodologías impulsadas por IA para transformar nuestra comprensión del *engagement* en las redes sociales, basándose en el trabajo de Gómez et al. (2019) y Yu y Egger (2021) para metodologías de *web scraping*, y demostrar la aplicabilidad de la IA en el análisis de contenido de redes sociales (Deng y Liu, 2021; Zhang et al., 2020).

Limitaciones e investigaciones futuras

Este estudio tiene limitaciones que podrían ser abordadas en futuras investigaciones, principalmente debido al contexto específico de análisis. En primer lugar, el estudio se llevó a cabo bajo un enfoque de destino único con sus propias peculiaridades. Investigaciones futuras deberían validar estos hallazgos en otros destinos con características diferentes (por ejemplo, destinos de sol y playa, destinos de naturaleza o destinos urbanos). En segundo lugar, esta investigación se llevó a cabo con una muestra de 139.273 publicaciones de Instagram en un contexto de experiencia turística positiva, lo que podría limitar la generalización de los hallazgos. Sería interesante replicar estos hallazgos con diferentes experiencias, particularmente con experiencias negativas (Kim et al., 2022), pero sería interesante analizar los comentarios negativos para predecir y evitar crisis de IDT. En tercer lugar, en esta investigación se omiten las características del receptor. Sin embargo, las diferencias a nivel individual de los espectadores (por ejemplo, la personalidad) podrían moderar el comportamiento de los usuarios en la interacción con el contenido. La investigación futura debe centrarse en comprender el papel de las características de estos receptores. En cuarto lugar, centrándonos en el emisor, solo se han analizado los contenidos de los usuarios, es decir, turistas y residentes, pero no de organizaciones o empresas que también contribuyen a la imagen del destino. En quinto lugar, aunque nos centremos en variables textuales (por ejemplo, hashtags, menciones o polaridad), también sería importante realizar un análisis más profundo del texto, en el que se tengan en cuenta variables como la ironía, la subjetividad del mensaje e incluso la congruencia foto-texto. Del mismo modo, una limitación de la red neuronal es que identifica solo la escena principal de la foto, pero puede ser una combinación (por ejemplo, un restaurante frente a la Torre Eiffel). A pesar de que la mayoría de las fotos solo muestran una escena, las futuras mejoras de las redes neuronales pueden superar este problema.

Además, solo se analizaron las publicaciones de imágenes de Instagram, mientras que esta plataforma de redes sociales está en continua evolución y recientemente ha incorporado otro tipo de contenidos como *stories* o *reels* a través de los cuales los turistas también muestran su experiencia turística. Dado que otras modalidades sensoriales visuales representadas en Instagram, como los vídeos con sonido, pueden inducir imágenes mentales, se recomienda analizar estos nuevos tipos de contenido, incluso nuevas plataformas sociales como TikTok (Barta et al., 2023).

Por último, este estudio ha permitido comprender cómo se construye y difunde la imagen del destino en las plataformas de redes sociales a través de contenidos compartidos. La viralización de contenidos a través del *engagement* difiere en función de las características del mensaje y de las características del emisor. Se han analizado dos grandes grupos de co-creadores de contenido en el destino: turistas y residentes. Sin embargo, se ha observado que la influencia del usuario también influye en el *engagement*. Es importante que los destinos identifiquen y analicen a las personas clave para la difusión de la imagen del destino.

Como se refleja en el análisis *post hoc* de esta investigación, y en línea con Deng et al. (2022), los **diferentes tipos de *influencers* reciben diferentes tasas de *engagement*.** Sin embargo, **todavía no hay suficiente evidencia científica sobre qué otras variables también afectan** a la tasa de *engagement*.

Por ello, en **la siguiente investigación se abordará el análisis de los contenidos generados por los diferentes tipos de** *influencers*, y cómo estas características afectan a la captación de publicaciones relacionadas con el destino, y que en última instancia afecta a la estrategia de gestión de marketing del destino.

Además, como se mencionó anteriormente, futuras investigaciones podrían profundizar en la integración de nuestro modelo de investigación en el S-O-R y emplear diseños experimentales para confirmar que el procesamiento de imágenes mentales actúa como el organismo; es decir, el mecanismo subyacente que explica la influencia de la publicación (el estímulo) en el *engagement* (la respuesta). Dado que la teoría de la comunicación considera que la recepción de un mensaje depende de dos aspectos: las respuestas que genera, y en particular el sentimiento (Peetz et al., 2016), también es importante entender qué sentimiento generan las publicaciones. Por lo tanto, se podrían desarrollar diferentes escenarios para mostrar varios tipos de publicaciones de Instagram y, después de ser expuestos aleatoriamente a uno de ellos, se les pediría a los participantes que calificaran la facilidad con la que pueden imaginarse a sí mismos en las escenas representadas, seguido de la medición de sus comportamientos de *engagement*. Esto ayudaría a confirmar que las imágenes mentales sirven como el mecanismo a través del cual los estímulos visuales generan respuestas de *engagement*.

Otra recomendación para futuras investigaciones es investigar el impacto de un contenido vibrante y visualmente atractivo en la *engagement* en las redes sociales. Si bien el estudio actual se centra en el tipo de contenido y la centralidad de las publicaciones de Instagram, no incluye una variable para el atractivo visual o el uso de filtros que mejoren la vitalidad de las imágenes. Investigaciones anteriores han demostrado que el atractivo visual afecta significativamente al *engagement* de los usuarios y las actitudes hacia los destinos (Filieri et al., 2021; Kim y Stepchenkova, 2015). Los estudios futuros podrían explorar cómo el uso de colores vibrantes, imágenes de alta calidad y filtros populares afectan al *engagement* del usuario. Esto podría implicar un diseño experimental en el que se prueben diferentes versiones de la misma imagen, con diversos grados de atractivo visual, para medir su impacto en las métricas de *engagement*. La comprensión de estos aspectos podría proporcionar una visión más completa de cómo los elementos visuales en línea influyen en la interacción de la audiencia con el contenido relacionado con el turismo (Molinillo et al., 2019).

6. VÍNCULOS EMOCIONALES Y ENGAGEMENT: EL IMPACTO DEL MARKETING DE INFLUENCERS EN EL DESTINO DE LEÓN

6.1. Introducción

Aumentar el *engagement* de los usuarios en las redes sociales se ha convertido en un objetivo principal para los expertos en marketing. Esto se debe a que una alta tasa de *engagement* social (SME) en línea contribuye a mejorar los indicadores de marketing, como la visibilidad de la marca, la intención de compra, el conocimiento y la rentabilidad de las empresas turísticas (Venciute et al., 2023). Sin embargo, conectar con el público objetivo sigue siendo una tarea difícil, incluso cuando el número de usuarios de redes sociales sigue creciendo año tras año. Por lo tanto, los especialistas en marketing recurren cada vez más a personas influyentes en las redes sociales (SMI) (Xie-Carson et al., 2023).

Las celebridades a menudo han sido consideradas como las figuras más influyentes en el turismo, ya que los turistas tienden a alinear su autoimagen con la de la celebridad, lo que aumenta su sentido de familiaridad y cercanía, e influye en sus intenciones de viaje a los destinos (Glover, 2009; Pradhan et al., 2023). Sin embargo, la expansión de las redes sociales ha facilitado la aparición de más tipos de *influencers*, incluidas los SMI, que son figuras influyentes entre los consumidores comunes sin experiencia profesional relevante en su campo (Ge & Gretzel, 2018b).

Los investigadores de marketing han definido a las SMI como patrocinadores externos que moldean las actitudes de sus seguidores a través de su presencia en las plataformas de redes sociales (Xie-Carson et al., 2023). Las estrategias de SMI comenzaron a ser implementadas por expertos en marketing en sectores como la moda y la belleza. Sin embargo, se han realizado pocas investigaciones en el sector de los viajes y el turismo (Manthiou et al., 2024), a pesar de que las Organizaciones de Marketing de Destinos (DMO) utilizan *influencers* para atraer a más o diferentes tipos de turistas a un área geográfica específica y para dar forma a la percepción del destino (Femenia-Serra y Gretzel, 2020; Glover, 2009).

Existen diversas clasificaciones de *influencers*, ya que el concepto de SMIs engloba a los usuarios que ejercen varios tipos de influencia. Una clasificación ampliamente reconocida involucra el número de seguidores (Agostino et al., 2019). En los últimos años, los especialistas en marketing se han centrado en los micro influencers, que ofrecen autenticidad y conexión con una red de seguidores específica (Xie-Carson et al., 2023). Sin embargo, la influencia ejercida por los SMIs en función de su origen o conexión territorial sigue siendo en gran medida inexplorada (Ingrassia et al., 2022). Esta clasificación sugiere que diferentes actores, incluidos turistas y residentes, que generan contenido, juegan diferentes roles en un destino. Aunque ambos grupos co-crean y construyen la imagen del destino (Bødker & Browning, 2012; Gomez et al., 2019), todavía no está claro cuál de los dos tipos genera tasas de *engagement* más altas. A pesar del crecimiento exponencial de las redes sociales, solo unos pocos estudios académicos han contribuido a analizar las "experiencias locales" en los entornos de las redes sociales a través de los *influencers* (Chironi et al., 2021; Gon, 2021; Ingrassia et al., 2022).

La mayoría de los estudios han pasado por alto la importancia de las conexiones emocionales de los seguidores con las SMI para impulsar el *engagement*. Las investigaciones previas sobre las SMI han seguido tres líneas principales: (1) la relación entre las SMI y otros usuarios de las redes sociales; (2) la relación entre los SMI y las DMOs; y (3) las características personales de los SMI. La primera línea de investigación se centra en comprender la relación entre las SMI y otros usuarios de las redes sociales, explorando cómo el público en general percibe la información compartida en las redes sociales por las SMI (Djafarova & Rushworth, 2017; Ge & Gretzel, 2018b; Hayes & Carr, 2015; Johnson & Kaye, 2015) y cómo esta información influye en la toma de decisiones de los turistas (Pop et al., 2022; Xu (Rinka) & Pratt, 2018), o cómo interactúan los usuarios con este contenido (Xie-Carson et al., 2023). La segunda línea se centra en el análisis de la relación entre las SMI y las DMO (Freberg et al., 2011; Jin y Liu, 2010; Ong e Ito, 2019; Pang et al., 2016), incluidos nuevos enfoques, como el análisis del papel de los intermediarios entre los SMI turísticos y las DMOs (Stoldt et al., 2019), cómo las DMOs implementan las estrategias de SMI en sus planes de marketing (Femenia-Serra y Gretzel, 2020) y cómo cuantificar los resultados en términos de marketing (Agostino et al., 2019). Por último, la tercera y más novedosa vertiente analiza las características personales de las SMI (Freberg et al., 2011; Khamis et al., 2017; Wiedmann et al., 2010) y los efectos de estas características en el *engagement* (Femenia-Serra et al., 2022; Xie-Carson et al., 2023).

Esta investigación aborda la relación entre las SMI y otros usuarios de las redes sociales, así como la relación entre los SMI y las DMO. En concreto, nuestra investigación se centra en entender cómo las características personales de los SMI, incluyendo su capacidad para formar vínculos afectivos con sus seguidores y su conexión territorial con el destino, influyen en los niveles de los SMIs en Instagram. Si bien explora los atributos personales de los SMI, el objetivo principal es analizar cómo estas características afectan las interacciones y el *engagement* entre las SMI y su audiencia, así como cómo impactan en la promoción y percepción de los destinos administrados por las DMOs. Así, este estudio integra elementos de las tres líneas de investigación: (1) la relación entre los SMIs y otros usuarios de redes sociales; (2) la relación entre los SMI y las DMOs; y (3) las características personales de los SMI, pero está más estrechamente alineado con la comprensión de la dinámica entre las SMI y los usuarios de las redes sociales, y entre las SMI y las DMO, proporcionando así un análisis exhaustivo del marketing de *influencers* en el contexto del turismo.

A pesar del creciente uso del marketing de *influencers* por parte de las DMO, existe una falta de investigación en este campo que permita comprender mejor el impacto que los *influencers* tienen en los destinos a través de las relaciones de confianza que surgen entre los usuarios de las redes sociales (Li et al., 2023; Xu (Rinka) y Pratt, 2018). Esto se debe a que la mayoría de los estudios no se han centrado lo suficiente en las conexiones emocionales de los seguidores con las SMI para impulsar el *engagement* (Manthiou et al., 2024).

El turismo ofrece un espacio que permite el refuerzo y desarrollo de los lazos sociales, y en concreto, las plataformas de redes sociales potencian estos vínculos, ya que juegan un papel importante en el mantenimiento de las relaciones, tanto fuertes como débiles (Dickinson et al., 2017). La mayoría de las relaciones entre los usuarios de las redes sociales se pueden atribuir a los lazos descritos en la teoría de la fuerza de los lazos débiles (Granovetter, 1973). Esto se debe a que los usuarios generan información basada en sus propias experiencias con los productos y servicios, y este contenido se considera más creíble y confiable (lazos fuertes) que la información generada por fuentes oficiales como DMO, empresas de promoción y marketing, anunciantes profesionales y personas influyentes importantes (vínculos débiles) (Mariani et al., 2023).

Con todo esto en mente, existe una clara necesidad empresarial y académica de comprender mejor los tipos de SMI en la industria del turismo y los vínculos emocionales que crean con su comunidad, lo que impulsa sus tasas de *engagement*. Esta investigación amplía estudios previos sobre los SMI turísticas en Instagram y está diseñada con un triple objetivo.

En primer lugar, ¿qué tipo de *influencer*, en términos de conexión emocional con sus seguidores, deberían seleccionar las DMO en sus estrategias de marketing para aumentar el *engagement* en sus publicaciones? Existe un conocimiento limitado sobre cómo el vínculo que los seguidores tienen con los *influencers* afecta las tasas de *engagement*. Estos vínculos están influenciados por el número de seguidores, creando lazos más débiles cuando el *influencer* tiene una base de seguidores más grande y provocando respuestas emocionales menos intensas de sus seguidores (Chu y Kim, 2011; Lin y Utz, 2015; Steffes y Burgee, 2009).

En segundo lugar, ¿qué tipo de contenido deben publicar estos SMI para aumentar su tasa de *engagement*? Existe un conocimiento limitado sobre el tipo de contenido que comparten los *influencers* y su impacto (Femenia-Serra y Gretzel, 2020). Dado que los vínculos que se forman con los *influencers* difieren en función de la cercanía del *influencer* y el número de seguidores, creando altas implicaciones emocionales con fuertes lazos (Chu & Kim, 2011), es razonable pensar que el sentimiento transmitido en el contenido generado por el *influencer* recibirá diferentes tasas de *engagement* en función de su conexión con la audiencia.

Por último, ¿qué tipo de influencer, en términos de conexión territorial, deberían seleccionar las DMO en sus estrategias de marketing para aumentar el *engagement* en sus publicaciones? Hasta ahora, se sabe poco sobre cómo el origen o la conexión territorial del *influencer* afecta a la generación de *engagement*. Dado que los lazos sociales se crean a través de la identidad de lugar (Chang et al., 2023), es apropiado pensar que el origen del *influencer* impactará en el comportamiento de su audiencia y la interacción que genera con su contenido (Ingrassia et al., 2022).

Este artículo aporta a la literatura al ser, hasta donde sabemos, uno de los primeros estudios en analizar conjuntamente cómo el *engagement* generado por las publicaciones de Instagram depende del tipo de *influencer*, no solo en cuanto a la conexión emocional *influencer*-seguidor sino también en cuanto a la conexión territorial con el destino. En primer lugar, esta investigación aporta resultados interesantes que aclaran el número de seguidores en la plataforma de Instagram que necesitan los SMI para generar altas tasas de *engagement*, comentarios y me gustas. En segundo lugar, nuestro estudio clarifica los diferentes tipos de *influencers* en cuanto a conexión emocional con el *influencer* y conexión territorial con el destino, que influyen en el impulso del *engagement* de los usuarios con sus contenidos.

Nuestros hallazgos también representan una guía para el desarrollo efectivo del marketing de *influencers* para los destinos. A partir de los resultados, ofrecemos recomendaciones tanto para las empresas como para los SMI sobre cómo deben diseñarse las estrategias de marketing para generar mejores resultados, es decir, un mayor *engagement*. Las empresas pueden beneficiarse de una comprensión más profunda del proceso por el cual un usuario decide dar me gusta o comentar una publicación de Instagram en función del tipo de *influencer* turístico.

Esta investigación permite responder **a la brecha de investigación 5 de la tesis doctoral** *"análisis e identificación de individuos clave para la difusión de la imagen de destino, a través de influencers, y análisis de las características de sus contenidos para generar engagement", que* desarrolla los objetivos:

- **Objetivo 10:** análisis de la efectividad del tipo de *influencer* a partir del sentimiento expresado en sus publicaciones sobre el destino en plataformas de redes sociales.
- **Objetivo 11:** análisis de la efectividad del tipo de *influencer* en función de su vinculación territorial con el destino.

Esta investigación sirve como continuación y ampliación de los análisis empíricos presentados en las dos anteriores investigaciones, y los tres permiten conformar una exploración integral del comportamiento turístico y de los SMI con los destinos. En **la primera investigación**, examinamos cómo la compañía y las actividades influyen en la felicidad de los turistas, destacando los aspectos emocionales de las experiencias turísticas. **La segunda investigación** se basó en esto investigando las diferentes formas en que los turistas se relacionan con los puntos de interés y servicios, utilizando teorías de la comunicación y las imágenes mentales para comprender la dinámica de las interacciones turísticas. Además, el capítulo V reveló información sobre cómo se construyen y difunden las imágenes de destino a través de las redes sociales, con la viralización del contenido que varía según el mensaje y las características del emisor. Esto incluyó el análisis de los turistas y residentes como creadores de contenido clave y la observación de que la influencia de los usuarios afecta significativamente el *engagement*. En línea con esto, es crucial que los destinos identifiquen y analicen a personas influyentes que puedan difundir de manera efectiva la imagen del destino. El análisis post hoc indicó que los diferentes tipos de *influencers* reciben diferentes tasas de *engagement*, aunque se necesita más investigación para explorar variables adicionales que afectan al *engagement*. Por lo tanto, **esta investigación** profundiza en el contenido generado por diversos *influencers*, examinando cómo sus características influyen en el *engagement* con las publicaciones relacionadas con el destino y, en última instancia, afectan las estrategias de marketing del destino. Al centrarse en los *influencers* de las redes sociales, este capítulo conecta los factores emocionales y de *engagement* discutidos anteriormente, proporcionando una visión holística de los elementos interconectados que impulsan el comportamiento de los turistas y mejoran la eficacia del marketing del destino.

Este estudio se estructura de la siguiente manera: en primer lugar, planteamos varias hipótesis sobre cómo el grado de *engagement* obtenido depende del tipo de conexión emocional y conexión con el territorio que el *influencer* tiene con el destino, y por tanto con sus seguidores. En segundo lugar, explicamos los procesos de recopilación de datos y validación de mediciones. Finalmente, presentamos los resultados y conclusiones y esbozamos algunas posibilidades de investigación futuras para comprender mejor las estrategias de marketing de los *influencers* que deben adoptar los destinos.

6.2. Antecedentes teóricos: la fuerza de la teoría de los lazos débiles

Los individuos, como seres sociales, desarrollan su vida cotidiana interactuando con otros seres humanos. Las relaciones construidas a lo largo del tiempo forman redes que pueden ser más o menos profundas. El concepto es que las personas crean redes de amigos cercanos (lazos fuertes), así como una red de conocidos (lazos débiles), y este último permite a las personas conectarse con más personas que comparten y exponen información diferente (Granovetter, 1973). Granovetter desarrolló esta teoría, llamada la teoría de la fuerza de los lazos débiles, en 1973 para describir las redes sociales entre los individuos. Esta teoría postula que es a través de los lazos sociales débiles que una persona está expuesta a cierta información, que no recibiría si solo tuviera lazos fuertes.

Ambos tipos de corbatas proporcionan beneficios, aunque diferentes. Un vínculo fuerte implica conexiones íntimas que surgen con familiares y amigos, es decir, personas similares a ellos. Cuando los usuarios están fuertemente conectados, por ejemplo, con amigos cercanos, tienden a interactuar e influirse mutuamente (Krackhardt, 1992). Estas relaciones se caracterizan por un alto nivel de cercanía interpersonal, interacciones frecuentes y una conexión duradera con implicaciones emocionales (Chu & Kim, 2011).

Por el contrario, los lazos débiles son aquellos que conectan a los usuarios con el mundo externo y la información. Cuando hay un vínculo débil, como con personas poco conocidas, lo que significa que pasan menos tiempo juntos en comparación con los amigos cercanos. (Li et al., 2023), posteriormente se producen otras conexiones con personas diferentes de otras redes a través de puentes, o líneas que las unen, produciendo un capital social menos permanente que con lazos fuertes, ya que no se comparten conexiones profundas (Granovetter, 1973). Estas relaciones se caracterizan por bajos niveles de cercanía interpersonal e intensidad emocional (Chu & Kim, 2011). Granovetter argumenta que los individuos con pocos lazos débiles se ven privados de información diferente a sus propias ideas y, por lo tanto, están aislados de nuevas ideas, modas, trabajos y problemas (Granovetter, 1973).

Esencialmente, la persona A tiene una red de fuertes lazos (sus amigos y familiares). La persona B también tiene una red de fuertes lazos (sus amigos y familiares). A su vez, la red de lazos fuertes de B forma parte de la red de lazos débiles de A, ya que pertenecen a la misma red social, Instagram en este caso. La conexión entre A y B es un puente porque están en la misma red social pero tienen una relación lejana (**Figura 13**).

Dado que los lazos sociales son una característica esencial de las redes sociales (Wang et al., 2012), la fuerza de la teoría de los lazos débiles Granovetter (1973) se utiliza como marco ya que el propósito de este estudio es determinar si los usuarios de Instagram se ven influenciados por la red de vínculos que los rodea, que pueden ser tanto conexiones emocionales con *influencers* como con el destino al que se vinculan estos creadores de contenido.

Figura 13. La teoría de la fuerza de los lazos débiles de Granovetter (1973)

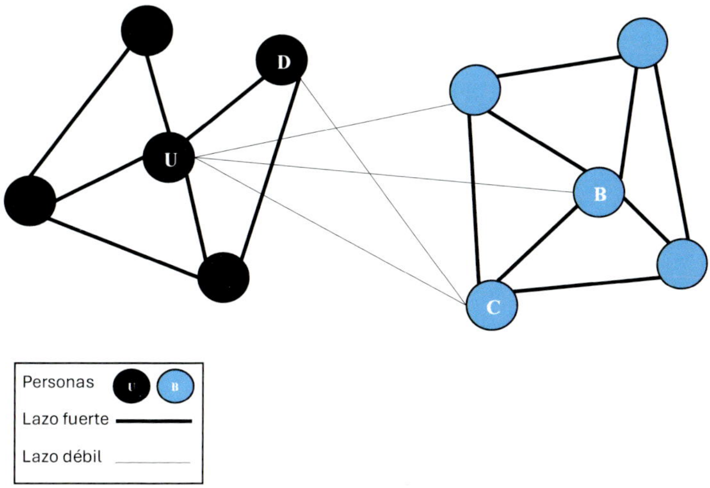

Fuente: elaboración propia de Granovetter (1973).

6.3. Revisión de la literatura y desarrollo de hipótesis

El papel de los influencers *de las redes sociales en el* engagement *del marketing turístico*

El marketing de *influencers* por destinos va en aumento (Gretzel, 2017). Esto se debe a que las DMO utilizan las SMI para llegar a más personas, ya que las DMO no suelen tener tantos seguidores comprometidos (Choudhary & Gangotia, 2017)

Los SMI son individuos que ejercen influencia sobre un grupo de usuarios potenciales. Poseen atributos como un gran número de seguidores específicos, a los que es difícil llegar para una marca, y por ello los SMIs gozan de reconocimiento público y una posición privilegiada en las redes sociales, lo que se traduce en influencia en las decisiones de otras personas (Femenia-Serra y Gretzel, 2020). Las SMI son un nuevo tipo de líder de opinión en línea, personas comunes que han ganado fama a través de las redes sociales en lugar de los medios tradicionales (Lou & Yuan, 2019; Xie-Carson et al., 2023). Estos usuarios se han convertido en SMIs porque han acumulado seguidores leales a los que los gestores turísticos quieren impactar a través de las recomendaciones de los *influencers* (Ong & Ito, 2019).

A diferencia de los líderes de opinión, las SMI adoptan el rol de consumidores compartiendo información sobre productos y/o servicios a través de su propia experiencia, con el objetivo de influir en su audiencia para que realice determinadas acciones (Uzunoğlu & Misci Kip, 2014). Por lo tanto, se considera que los SMI tienen un efecto directo en la construcción de la imagen de un destino y provocan un cambio de actitud en los potenciales turistas (Ge & Gretzel, 2018b), razón por la cual las DMO implementan esta estrategia para promover el conocimiento del destino (Femenia-Serra y Gretzel, 2020).

En la literatura turística sobre los SMIs, han surgido varios temas de investigación, como la influencia de lo SMIs en la toma de decisiones de los turistas (Pop et al., 2022), el papel de los intermediarios entre los SMIs turísticas y las DMOs (Stoldt et al., 2019)y cómo las DMO implementan las estrategias de SMI en sus planes de marketing (Femenia-Serra y Gretzel, 2020). Sin embargo, en el contexto de los viajes y el turismo, todavía hay un conocimiento limitado sobre qué variables del marketing de *influencers* afectan a las métricas de marketing, como el *engagement* con el SMI (Femenia-Serra et al., 2022; Xie-Carson et al., 2023).

Uno de estos es el tipo de características asociadas al *influencer*, ya que influirá en el tipo de contenido que genere y afectará al tipo de seguidores que tenga. Es importante analizar si dos tipos de *influencers*, como un *influencer* con muchos seguidores o con pocos, tienen diferentes efectos en el comportamiento del turista cuando se ven impactados por el contenido compartido (Magno & Cassia, 2018).

Generalmente, en función del número de seguidores, los *influencers* se pueden clasificar: *nano influencer* (1 K-10 K), *micro influencer* (10 K-50 K), *influencer* de nivel medio (50 K-500 K), *macro influencer* (500 K – 1 M), *mega influencer* (1 M-5 M) e *influencer* de celebridades (5 M+) (Xie-Carson et al., 2023). Recientemente, se ha hecho hincapié en los *micro-influencers* como individuos que ejercen menos influencia pero lo hacen de una manera muy efectiva. Sin embargo, todavía no hay suficiente evidencia empírica sobre los factores que impulsan el *engagement* de las SMI en las plataformas de redes sociales en contextos turísticos (Gretzel, 2017).

De acuerdo con la teoría de la fuerza de los lazos débiles, si bien hay estudios que sugieren que los lazos débiles son más influyentes que los lazos fuertes (Steffes & Burgee, 2009), también hay estudios que demuestran lo contrario, es decir, los consumidores tienen respuestas emocionales más intensas a los contenidos de las redes sociales generados por personas con las que tienen lazos más fuertes (Lin y Utz, 2015). En cuanto a las relaciones con los *influencers*, los lazos débiles se caracterizan por bajos niveles de intensidad emocional (Chu & Kim, 2011), y lazos fuertes por el valor emocional de la relación, dado que en una relación de vínculo débil, las personas tienden a centrarse en su valor informativo (Feng et al., 2021; Gafter y Tchetchik, 2017; Zhang et al., 2021). Por lo tanto, se cree que las reacciones de los usuarios ante el contenido de los *influencers*, es decir, el *engagement* de las publicaciones, diferirán en función del número de seguidores, con un menor número de seguidores permitiendo una mayor posibilidad de interacción personal entre el *influencer* y su seguidor.

El *engagement* generalmente se mide por la cantidad de me gusta, comentarios y acciones compartidas (Hauser et al., 2022; Yost et al., 2021; Yu et al., 2024). Sin embargo, en términos de *engagement*, dar me gusta requiere menos esfuerzo que comentar o compartir y se considera la forma más común de *engagement* en las redes sociales para expresar interés favorable en una publicación. Por otro lado, compartir una publicación muestra un mayor nivel de *engagement* que el me gusta, además de implicar una mayor difusión del mensaje de marketing (Pino et al., 2019). Estas dos acciones solo requieren un clic por parte del usuario. Por último, comentar es la que requiere más tiempo y esfuerzo y, por lo tanto, se considera la acción más atractiva en términos de estrategias de marketing (Mariani et al., 2016). Por lo tanto, teniendo en cuenta los diferentes tipos de esfuerzo que conlleva cada acción y las diferentes relaciones que los usuarios establecen con los diferentes tipos de seguidores, esta investigación analiza estas tres acciones por separado: como la tasa, la tasa de comentarios y la tasa de *engagement* como variables dependientes, y se espera un efecto diferente sobre ellas por las variables independientes, es decir, el tipo de *influencer* en función del número de seguidores.

Se cree que los usuarios reaccionarán más intensamente ante el contenido de los *influencers* con los que tienen lazos más fuertes (*influencers* con menos seguidores y que interactúan más con su audiencia) que con aquellos con los que tienen lazos más débiles (*influencers* con un mayor número de seguidores y que tienen menos capacidad para ofrecer un trato más cercano y personal). Con *influencers* con un menor número de seguidores a lo largo del tiempo, podemos suponer que tienen un alto grado de especialización en cuanto al alcance del tema que tratan. Concretamente en el turismo, es lógico que aquellos que se centran en destinos turísticos concretos, por ejemplo, una provincia o una ciudad, acaben teniendo menos seguidores que los que se refieren a un país o al turismo internacional. Del mismo modo, esto también ocurre en relación con aquellos que se centran en una práctica especializada, por ejemplo, el turismo espeleológico, en comparación con los que se ocupan del turismo de sol y playa. Podemos suponer que el seguidor tiene una mayor confianza en la información y recomendaciones y por lo tanto un mayor sentimiento de identificación con alguien que es un *influencer* más especializado, más aún si se trata de una DMO específica. Siguiendo la teoría de Granovetter (1973), este mayor sentimiento de identificación implica un fuerte vínculo emocional en comparación con el débil vínculo emocional generado por *influencers* más generales y con un mayor número de seguidores. Por lo tanto, se propone la siguiente hipótesis:

H1. Cuanto menor sea el número de seguidores que tenga un *influencer*, mayor será la tasa de *engagement* (H1a), los comentarios (H1b) y los me gustas (H1c) en sus publicaciones (comprueba las letras a, b, c con la figura).

Experiencias turísticas: el papel de la emoción en el engagement *en las redes sociales*

Las redes sociales se han convertido en uno de los canales más importantes para que las DMO extraigan información, ya que es donde los viajeros acceden a información sobre destinos, reservan y planifican viajes, comparten información y sus propias experiencias (Femenia-Serra y Gretzel, 2020; Munar y Jacobsen, 2014; Ong e Ito, 2019; Xiang y Gretzel, 2010). También es uno de los puntos de interés más desafiantes para proyectar su imagen debido a la gran cantidad de información generada por todo tipo de usuarios (Pike & Page, 2014), lo que convierte al marketing de *influencers* en una solución ideal para recuperar este espacio promocional.

Para promocionar contenidos en las redes sociales, las SMI se han convertido en una herramienta más eficaz que las acciones publicitarias tradicionales (De Veirman et al., 2017; Uzunoğlu & Misci Kip, 2014).

Dada la importancia de las plataformas de redes sociales como fuente de inspiración para los viajeros potenciales, las DMO deben comprender qué tan efectivos son sus esfuerzos en las redes sociales midiendo el éxito del contenido compartido por las SMI (Wozniak et al., 2017). Por lo tanto, los especialistas en marketing deben ser conscientes de las posibilidades de estas plataformas: mientras que la publicidad tradicional se trata más de anunciar productos y servicios, las redes sociales se centran en la interacción y el *engagement* del usuario con otros usuarios de las redes sociales, lo que tradicionalmente se refleja en el *engagement* con el contenido (Wozniak et al., 2017).

Aunque el tema del análisis de sentimientos en las redes sociales y su impacto en el *engagement* no se ha abordado suficientemente en el turismo, hay algunas investigaciones que muestran que el contenido positivo genera más *engagement* en términos de me gusta, comentarios y acciones (Yost et al., 2021). Sin embargo, hay otra corriente que concluye que el contenido positivo no necesariamente activa el *engagement* (Akuma et al., 2021), e incluso que el contenido negativo o triste puede impulsar el comportamiento del usuario a través de la empatía, obteniendo así una mayor tasa de *engagement*. Por ejemplo, se sabe que el contenido negativo actúa como un poderoso persuasor (Boot et al., 2021), y que las publicaciones negativas reciban más atención y generen más *engagement* de los usuarios (Nigmatullina & Rodossky, 2022; Steinert, 2021). Del mismo modo, se ha demostrado que el sentimiento negativo del contenido permite una mayor virilización de las publicaciones: "si quieres que hablen de ti, da malas noticias" (Hansen et al., 2011).

Específicamente, de acuerdo con la teoría de la fuerza de los lazos débiles, los lazos fuertes y débiles entre las personas no implican las mismas conexiones emocionales, ya que los lazos fuertes resultan en altas implicaciones emocionales, y los lazos débiles en baja intensidad emocional (Chu & Kim, 2011). Así, la emoción transmitida en las publicaciones de las redes sociales no afectará de la misma manera a los usuarios que reciban esa información si el vínculo que conecta con el *influencer* es un vínculo fuerte o débil. Es necesario ampliar el análisis sobre los tipos de emociones y sentimientos que transmiten los SMIs a través de sus contenidos, para arrojar más luz sobre el poder persuasivo de los *influencers* en las plataformas de redes sociales y su impacto en el destino (Femenia-Serra y Gretzel, 2020).

Además, la cantidad de contenido generado en las plataformas de redes sociales, y en el contexto turístico, es, en promedio, más positivo que negativo (Blanco-Moreno et al., 2024), y los usuarios reaccionan de manera diferente a este contenido, dado que el efecto de ambos es diferente en la configuración de la actitud y el comportamiento del consumidor.

Por lo tanto, se propone la siguiente hipótesis:

H2. El sentimiento de la publicación actúa como una variable moderadora en la relación entre el perfil del *influencer* y el *engagement*, reforzando la conexión cuando la publicación es negativa y debilitándola cuando la publicación es positiva.

Influencers *locales versus* influencers *universales en las redes sociales*

Los SMIs se pueden clasificar en función de diferentes características, como el tipo de canal en el que distribuyen sus contenidos, la industria sobre la que generan contenidos, su público objetivo, su identidad, el formato de sus contenidos y la categoría más extendida, su número de seguidores (Xie-Carson et al., 2023). Sin embargo, se ha prestado poca atención a la tipología de *influencers* en función de su origen y su conexión territorial con el destino sobre el que generan contenido.

El término "local" está ligado a la idea de describir experiencias y emociones que conectan un lugar, persona o producto con un entorno y recursos auténticos (Ingrassia et al., 2022). Los turistas (o *influencers* universales) tienden a publicar contenido sobre las principales atracciones turísticas, mientras que los residentes o locales (*influencers* locales) prefieren compartir experiencias más auténticas y menos conocidas del destino (Ingrassia et al., 2022), por lo tanto, ambos co-crean y remodelan constantemente el significado de "local" (Bødker & Browning, 2012; Gomez et al., 2019). Según la teoría de la fuerza de los lazos débiles, el contenido compartido por los *influencers* locales, que tienen un vínculo más fuerte con su audiencia, se adapta mejor a los gustos e intereses de sus receptores, teniendo preferencias similares (Zhang et al., 2021), y una mejor percepción tanto de la fiabilidad del *influencer* como de la calidad de la información facilitada (Cassia & Magno, 2019). Además, las personas con lazos fuertes tienden a sentirse obligadas a mantener la relación social (Renton & Simmonds, 2017). Por lo tanto, es más probable que los usuarios reaccionen de manera diferente al contenido. Específicamente, en el contexto de los viajes y el turismo, se ha descubierto que las publicaciones compartidas por personas influyentes con las que existe un fuerte vínculo refuerzan la efectividad de la riqueza del contenido (Feng et al., 2021), ya que los usuarios que reciben información de una fuente con la que tienen un fuerte vínculo (influencer local) la perciben como más creíble que la emitida por un enlace débil (influencer universal) (Lin y Xu, 2017; Luo y Zhong, 2015).

Dado que la identidad del lugar y el apego al lugar que sienten los usuarios locales generan fuertes lazos entre los *influencers* locales y su audiencia a lo largo del tiempo (Chang et al., 2023; Mesch & Manor, 1998)y que el contenido generado por las SMI afecta las emociones, las experiencias y, en general, el comportamiento de los turistas en las plataformas de redes sociales, consideramos que la información compartida por los turistas universales frente al contenido de los *influencers* locales recibirá diferentes tasas de *engagement*. Por lo tanto, se propone la siguiente hipótesis:

H3. El área geográfica de interés del *influencer* actúa como variable moderadora en la relación entre el perfil del *influencer* y el *engagement*, fortaleciendo la conexión cuando el *influencer* es local y debilitándola cuando el *influencer* es universal.

La relación entre el tamaño de un *influencer* (**H1**) y el ámbito territorial que abarcan (**H3**) es compleja y polifacética. Si bien el alcance geográfico de un *influencer* puede afectar significativamente su número de seguidores, no es el único determinante. Factores como el tipo de actividades turísticas promovidas, la frecuencia de las publicaciones y la calidad del *engagement* con los seguidores también juegan un papel crucial. Las investigaciones indican que los *influencers* que proporcionan constantemente contenido valioso y atractivo tienden a crear más seguidores, independientemente de su enfoque geográfico (Leung et al., 2022). Además, la eficacia del alcance de un *influencer* suele verse amplificada por su capacidad para crear contenidos auténticos y relacionables, que resuenan bien con su audiencia (Storey, 2018). Por lo tanto, es esencial reconocer que, si bien el alcance territorial es un factor importante, es uno de los muchos que contribuyen al éxito de un *influencer* y a su base de seguidores. El modelo conceptual se presenta en la **Figura 14.**

Figura 14. Marco teórico

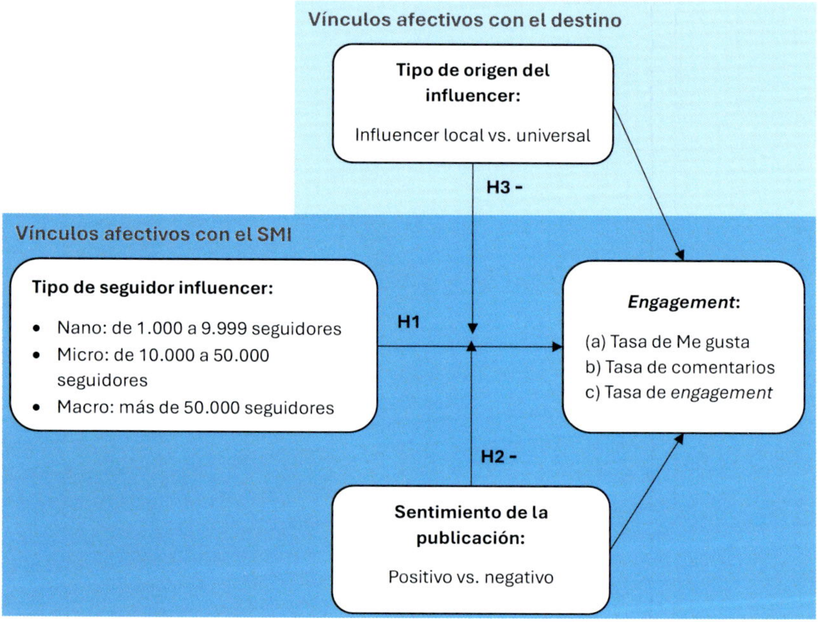

6.4. Metodología

Obtención de los datos

Para explorar el efecto del tipo de *influencer* en el *engagement* generado, este estudio empleó una metodología que combina técnicas de minería de datos e IA como el aprendizaje automático y la enseñanza a distancia con un enfoque de métodos mixtos.

La minería de datos es una técnica asistida por ordenador que se utiliza en análisis para procesar y explorar grandes conjuntos de datos. Esta técnica es adecuada para abordar los objetivos planteados por esta investigación debido a la gran cantidad de datos a analizar (**Figura 15**).

Dado que el contexto juega un papel relevante en la conformación del comportamiento de los usuarios, esta investigación se enmarca dentro de un contexto específico del turismo cultural y gastronómico de interior para su aplicación, destino perteneciente al Camino de Santiago, Patrimonio de la Humanidad por la UNESCO desde 1993 (UNESCO, 2023). Esto permite la identificación de comportamientos y aspectos únicos en este mercado en particular y proporciona una base para el desarrollo de estrategias de marketing (Stremersch et al., 2023).

Figura 15. Proceso de minería de datos con enfoque de inteligencia artificial

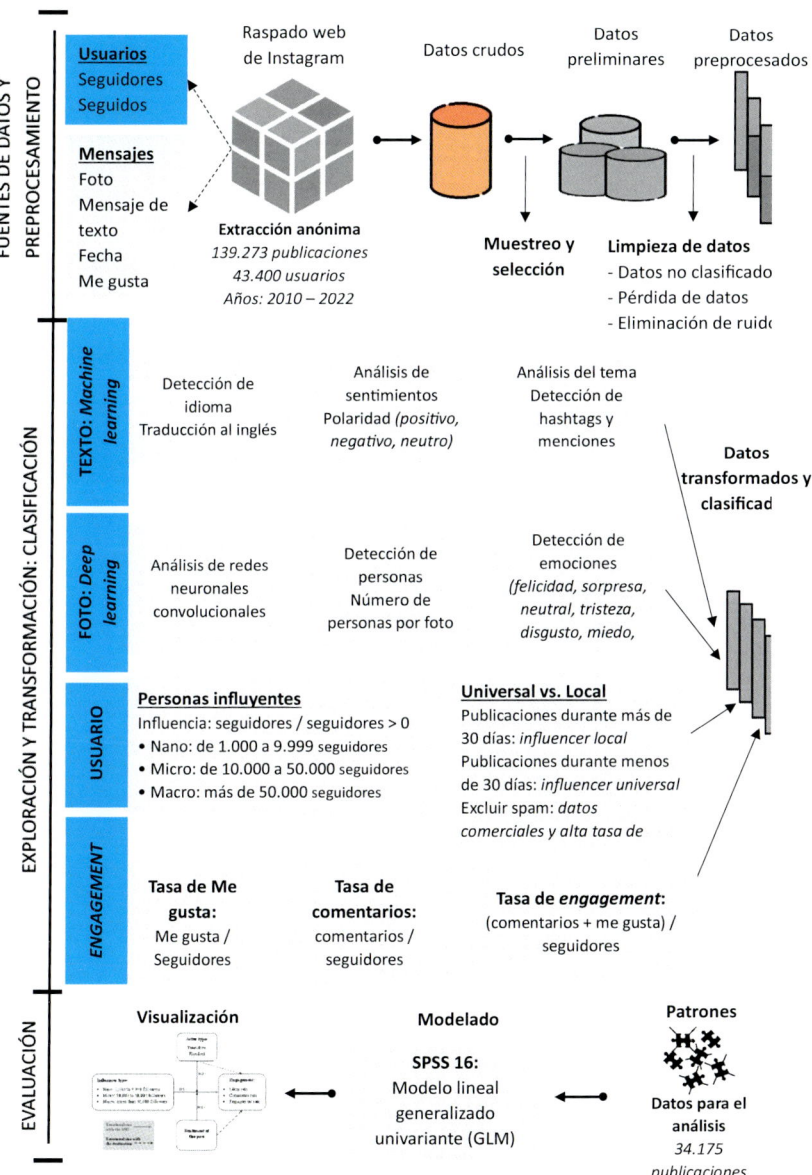

Se ha seleccionado específicamente un destino cultural porque representa un tipo de destino turístico muy específico, con características únicas que conducen a un comportamiento homogéneo del visitante, evitando así las posibles influencias derivadas de diferentes características del destino, como las que se encuentran en el sol y la playa, la naturaleza o los destinos urbanos, entre otros. Este tipo de turismo no se ve afectado por una amplia variedad de atributos diferenciados del destino ni por una diversificación significativa del comportamiento turístico. Además, la OMT instó al análisis de los destinos de turismo cultural, ya que es el tipo de turismo internacional más importante, representando más del 39% de las llegadas de turistas, es decir, 273 millones de visitantes entre enero y julio de 2023 (OMT, 2023). Además, el 89% de los Estados miembros de la OMT también afirman que el turismo cultural desempeña un papel muy importante en sus políticas turísticas, según el Informe de la OMT sobre Sinergias Turísticas y Culturales (2018).

A través de técnicas de *web scraping*, se obtuvo un gran conjunto de datos, compuesto por 139.273 publicaciones de 43.400 usuarios de Instagram durante 13 años con sus fotos, textos y metadatos (**Figura 16**). Después de esta descarga, se aplicaron técnicas de IA para identificar variables de investigación. Se utilizaron modelos de aprendizaje automático para determinar el sentimiento de los textos de las publicaciones, y modelos de aprendizaje a distancia para conocer las emociones mostradas en las fotografías de las publicaciones.

El rápido desarrollo de la industria de los *influencers* ofrece oportunidades sin precedentes en las estrategias de comunicación y marketing para el ámbito turístico, tanto para los usuarios como para las DMO (Deng et al., 2022; Manthiou et al., 2024). Entre las plataformas de redes sociales favoritas de los *influencers*, destaca Instagram (Casaló et al., 2020; Yılmazdoğan et al., 2021). A diferencia de otras plataformas de redes sociales, en Instagram, los consumidores hablan entre sí sobre sus viajes, intercambian información y hacen sugerencias, destacando el papel de la comunicación en las redes sociales (redes sociales) en la difusión de destinos y en la elección de alternativas de viaje.

En cuanto a las preferencias de los usuarios, Instagram también es la principal plataforma para compartir experiencias turísticas. Dado que el turismo es uno de los temas candentes en las redes sociales, y concretamente en Instagram, que recientemente cuenta con más de 1.300 millones de usuarios (DataReportal, 2023) que han generado más de 719,7 millones de publicaciones relacionadas con el hashtag #travel (Instagram, 2023b) y más de 21,3 millones de publicaciones vinculadas al hashtag #ad (Instagram, 2023a), parece razonable creer que Instagram juega un papel crucial en este contexto. Por lo tanto, como una de las plataformas de contenido más populares y recientes en el turismo digital debido a su facilidad para compartir contenido visual (Yu et al., 2020), Instagram ha sido elegida como la plataforma central de redes sociales para este estudio.

Sin embargo, la investigación académica sobre las redes sociales y la capacidad de los *influencers* para influir en su audiencia en un contexto turístico sigue siendo limitada (Manthiou et al., 2024). A pesar de la creciente importancia de Instagram en los últimos años, pocos estudios han explorado las características del contenido compartido (textos e imágenes) que provocan un comportamiento receptivo de los espectadores hacia sus *influencers* (Ingrassia et al., 2022).

Además, la gran cantidad de datos obtenidos a lo largo de un periodo tan prolongado ha permitido diferenciar entre publicaciones de *influencers* universales y publicaciones de *influencers* locales, así como el tipo de influencia que ejercen las SMI en función del número de seguidores, excluyendo a los usuarios que no son *influencers* por el número de seguidores y seguidos en sus cuentas.

Para esta preselección, se ha utilizado el mismo método de clasificación del grado de influencia descrito en la investigación anterior, es decir, la tasa de seguidores/seguidores debe ser superior a 1 para considerar a un usuario un *influencer*.

Por último, se adoptó un enfoque de métodos mixtos para analizar 34.175 publicaciones compartidas por 11.357 personas influyentes de tipo local y universal (turístico). Este enfoque combina tres técnicas implementadas antes del análisis estadístico: el análisis del contenido visual, es decir, las fotografías, mediante técnicas de DL, que permiten la extracción de las emociones mostradas por las personas en las imágenes; un análisis del contenido textual, es decir, los textos que acompañan a las fotografías, utilizando técnicas de aprendizaje automático, que permiten la extracción de diferentes variables del texto, como la polaridad, el número de hashtags y la longitud del texto; y por último, un análisis de metadatos, como la fecha de publicación o los usuarios anónimos vinculados a una identificación imaginaria, que permite clasificar a los *influencers* universales frente a los locales.

Este estudio amplía la investigación aplicando técnicas de IA mediante el empleo de la triangulación de diferentes tipos de datos, como es el caso aquí con el uso simultáneo de imágenes, textos y metadatos de publicaciones de Instagram (Filieri et al., 2021). En este estudio, utilizamos un enfoque integral para medir cada una de las variables de nuestro modelo utilizando diversos tipos de datos extraídos de publicaciones de Instagram.

Para determinar si una publicación es positiva o negativa, empleamos un método innovador que combina el análisis de texto con el análisis de las emociones reflejadas en los rostros de las personas que aparecen en las fotos. Este enfoque dual proporciona una evaluación de sentimientos más precisa en comparación con los métodos tradicionales que se basan únicamente en el análisis de texto.

Además, para filtrar y seleccionar publicaciones relevantes para la DMO elegida, utilizamos una lista de 245 ubicaciones de referencia dentro de la DMO.

Este método consiste en identificar los puntos de interés mencionados en las publicaciones de Instagram, lo que garantiza una mayor fiabilidad en comparación con la selección basada únicamente en el contenido. Al integrar estas técnicas avanzadas, nuestro objetivo es proporcionar un análisis más sólido y preciso de los datos de las redes sociales en el contexto del marketing de destinos. En las siguientes secciones se describen las etapas metodológicas.

Figura 16. Ejemplo de datos de publicación descargados de Instagram

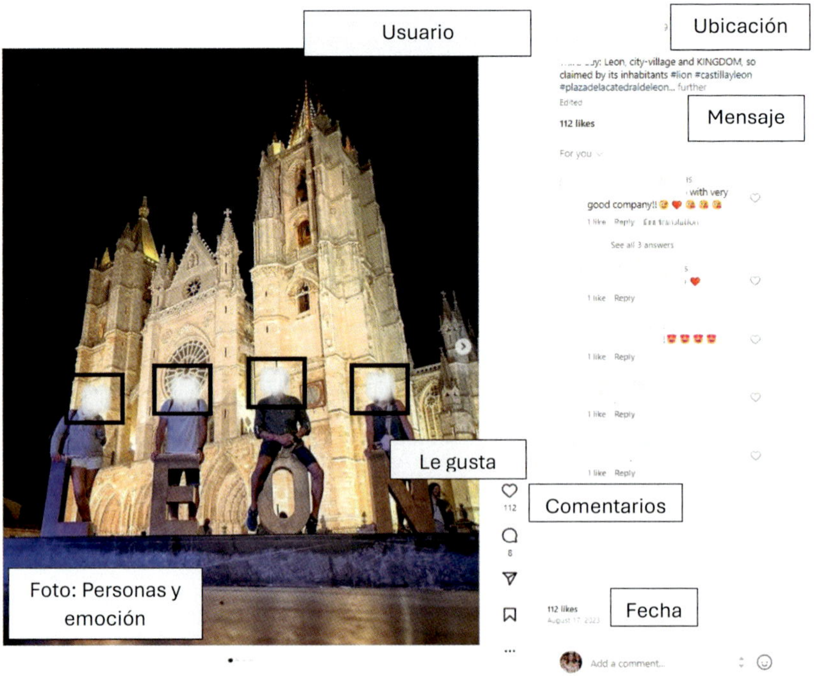

Fuente: Instagram (2023c).

Extracción de datos de Instagram

Instagram es una plataforma de redes sociales que acumula grandes cantidades de datos de los usuarios sobre sus experiencias cotidianas. Estos datos son muy valiosos para la investigación científica. Destacan tres tipos de datos: fotografías, textos y metadatos (datos temporales, de localización y de *engagement* asociados a cada publicación). Estos datos permiten el cambio de paradigma que necesita la academia a través del uso de enfoques novedosos como los métodos mixtos que utilizan la triangulación de datos obtenidos de diferentes fuentes, lo que permite la expansión de la investigación en ciencias sociales (Filieri et al., 2021) a través de nuevos análisis como el contenido visual, el contenido textual y los metadatos utilizando técnicas de IA (Volo e Irimiás, 2021).

Una técnica que ha crecido rápidamente en las disciplinas del marketing y el turismo para la adquisición de datos es la técnica del *web scraping*, que consiste en extraer datos de las páginas web de forma organizada y automatizada (Yu y Egger, 2021). El uso de estas técnicas novedosas ofrece tres ventajas principales. La primera es que permite la descarga automatizada, estructurada y rápida de datos incrustados en páginas web, como Instagram. La segunda es que permite la adquisición de cualquier tipo de datos en Instagram, como textos, fotografías y metadatos. La última ventaja es que estos datos se pueden obtener de forma anónima, lo que cumple con la Ley Europea de Protección de Datos y los principales principios éticos durante la construcción de la base de datos (Hauer, 2022).

Para identificar las publicaciones de Instagram (Instagram, 2023c) vinculados al destino, se utilizaron como fuentes de datos las 245 ubicaciones oficiales del destino. La extracción de datos se llevó a cabo utilizando el software *Phantom Buster* (Phantom Buster, 2023). Después de eliminar publicaciones basadas en videos y datos corruptos debido a delimitadores incorrectos, el conjunto de datos preliminar constó de 139.273 publicaciones con sus textos, imágenes y metadatos correspondientes (con identificador de usuario anónimo y numérico, ubicación, me gusta, comentarios y fecha de publicación). La publicación más antigua de este conjunto de datos data de 2010, mientras que la publicación más reciente se compartió en 2022. Posteriormente, todas las imágenes se descargaron a través de la extensión de *Google Chrome Tab Save* (Chrome, 2023) de acuerdo con las URL de las imágenes.

Clasificación de textos e imágenes

Una vez obtenida una base de datos limpia y libre de errores, el siguiente paso es el análisis de los textos e imágenes asociados a cada publicación, utilizando modelos de IA, concretamente *machine learning* y *deep learning,* aplicando el lenguaje Python.

Para el análisis de texto, se utilizó un modelo de aprendizaje automático del software de código abierto NLTK desarrollado en Python (NLTK, 2023) se implementa. Este modelo de aprendizaje automático utiliza dos módulos. El primero permite conocer el número total de hashtags en cada publicación de Instagram, junto con el número total de caracteres, lo que ayuda a una mayor limpieza de la base de datos y a excluir publicaciones consideradas como spam. El segundo módulo permite el análisis de sentimientos a través de su modelo entrenado, que devuelve una calificación del texto entre -1 y 1, siendo -1 el texto más negativo posible y 1 el texto más positivo posible.

Para extraer información de las imágenes se implementan las redes neuronales convolucionales, el método más útil para detectar objetos o patrones dentro de ellas. Las redes neuronales seleccionadas para esta investigación han sido de código abierto, es decir, ya preentrenadas a partir de millones de imágenes que han sido previamente etiquetadas, y que tienen definidas diferentes capas y convoluciones que los usuarios pueden adaptar en las últimas capas para implementar en sus bases de datos. La red neuronal implementada es DeepFace, un modelo de código abierto que permite un fácil reconocimiento y análisis de atributos faciales utilizando Python. Está compuesto por modelos de última generación y prestigio como VGG-Face y Google FaceNet, y muestra una fiabilidad superior a la del cerebro humano, situada en el 97,53% (Serengil, 2023).

Esta red neuronal permitió identificar el número de personas que aparecen en cada fotografía, junto con la emoción representada por cada una de ellas. Estas emociones siguen la clasificación clásica y ampliada de siete emociones generales (Bisogni et al., 2023): felicidad y sorpresa (consideradas en esta investigación como emociones positivas), neutralidad, tristeza, miedo, asco e ira (consideradas como negativas). En las fotos pueden aparecer varias personas, por lo que, para calcular la positividad o negatividad de las imágenes, se seleccionaron los datos emocionales individuales de cada persona (entre 0 y 1 para los positivos, y entre -1 y 0 para los negativos), se sumaron y se dividieron por el número total de personas en la foto. Se consideró que las fotografías con un valor medio superior a 0 tenían datos emocionales positivos.

Para calcular la variable "sentimiento de las publicaciones", se sumaron la variable sentimiento del texto (entre -1 y 1) y la variable emoción de la foto (entre -1 y 1). Solo se seleccionaron las publicaciones con un valor mayor que 0, es decir, positivo, y menor que 0, es decir, negativo.

Clasificación de usuarios

Después de determinar el sentimiento general de cada publicación, el siguiente paso fue clasificar a los usuarios. Para ello, se realizaron dos clasificaciones.

Dado que esta investigación se centra en investigar el contenido compartido por las SMI, primero es necesario reconocer a los *influencers* en la base de datos. Esto se consigue calculando una tasa de influencia dividiendo el número de seguidores entre los seguidores de cada usuario (anónimo). En este contexto, un usuario se clasifica como *influencer* cuando tiene un mayor número de seguidores que seguidores (Tafesse & Wood, 2021).

Tras este filtrado preliminar, se establecen diferentes tipologías de SMIs. Teniendo en cuenta el número de seguidores y dada la realidad de nuestra base de datos, se establece una clasificación de los *influencers* según su número de seguidores, más concisa que la propuesta por Xie-Carson et al. (2023), limitándolo a tres categorías como se ha hecho en otras investigaciones (Deng et al., 2022):

- Nano: de 1.000 a 9.999 seguidores;
- Micro: de 10.000 a 50.000 seguidores;
- Macro: más de 50.000 seguidores.

Por último, otro de los objetivos de esta investigación es encontrar las diferencias en el *engagement* entre las publicaciones compartidas por *influencers* locales y por *influencers* universales. Dado que esta investigación se basa en publicaciones publicadas desde el inicio de Instagram en 2010 hasta 2022, y cada publicación está asociada a un usuario con un identificador único y anónimo, esta clasificación se puede realizar a través de un triple filtro.

El primer filtro está vinculado a cada usuario y se aplica a través del identificador único y anónimo de cada usuario. Esta identificación de usuario está relacionada con el identificador de cada publicación de Instagram y su fecha de publicación. Esta fecha permite identificar qué usuarios anónimos compartieron fotografías durante más de 30 días consecutivos en el destino, considerándolos *influencers* locales, o por menos días, considerándolos *influencers* universales no vinculados al destino (turistas) (Gunter y Önder, 2021).

El segundo filtro consiste en conocer el número de fotografías publicadas por cada usuario anónimo, tratando a los usuarios que compartieron menos de 30 fotografías en el destino como *influencers* universales, y a los *influencers* locales en el caso contrario (Gómez et al., 2019).

El tercer filtro está ligado al análisis de texto descrito anteriormente, que ha permitido descartar publicaciones que contengan datos comerciales como direcciones de correo electrónico, números de teléfono o altas tasas de hashtags (Gómez et al., 2019).

Manipulación de variables

El último paso antes del análisis estadístico es el cálculo de la variable dependiente, el *engagement* del usuario, es decir, la tasa de *engagement*.

Para ello, se han calculado tres medidas de *engagement* que dan validez a los resultados:

• Tasa de Me gusta: Me gusta / seguidores;
• Tasa de comentarios: comentarios / seguidores;
• Tasa de *engagement*: (comentarios + me gusta) / seguidores.

Estas medidas de tasa de *engagement* son ampliamente aceptadas en la literatura académica, ya que la medida más extendida divide estas variables por el número de seguidores (Hauser et al., 2022; Yost et al., 2021; Yu et al., 2024). Además, los comentarios y los "me gusta" se utilizan porque otras métricas como "compartir" no están disponibles en Instagram (Li y Xie, 2020).

La estructura y clasificación de toda la base de datos obtenida después de estas cuatro etapas se puede ver en la **Tabla 8**.

Tabla 8. Clasificación de las variables

Variable	Medida		Tipo	Técnica	Autor
Tasa de engagement	$\dfrac{\text{Me gustas + Comentarios}}{\text{Seguidores}}$		Continua	*Web scraping*	Hauser et al., (2022); Yost et al. (2021); Yu et al. (2024)
Tasa de Me gusta	$\dfrac{\text{Me gustas}}{\text{Seguidores}}$		Continua	*Web scraping*	Hauser et al., (2022); Yost et al. (2021); Yu et al. (2024)
Valoración de los comentarios	$\dfrac{\text{Comentarios}}{\text{Seguidores}}$		Continua	*Web scraping*	Hauser et al., (2022); Yost et al. (2021); Yu et al. (2024)
Sentimiento de publicación	Polaridad (entre -1 y 1)		Continua	*Web scraping* y aprendizaje automático	Bhatt y Pickering (2023)
	Emoción (entre -1 y 1)		Continua	*Web scraping* y aprendizaje profundo	Blanco-Moreno et al. (2024)
Tipo de influencer	Por tipo	0 = Local 1 = Universal	Dicotómicas	*Web scraping*	Gómez et al., (2019); Gunter y Önder (2021); Hany Kim y Stepchenkova, (2015); Peetz et al. (2016)
	Por seguidores	Nano: de 1.000 a 9.999 seguidores	Categórica	*Web scraping*	Xie-Carson et al. (2023)
		Micro: de 10.000 a 50.000 seguidores			
		Macro: más de 50.000 seguidores			
Influencia	$\dfrac{\text{Seguidores}}{\text{Seguidos}}$	>1 → *Influencer* = <1 → *No influencer*	Dicotómicas	*Web scraping*	Tafesse y Madera (2021)

Analizar el tipo, la emoción y el engagement *de los influencers*

Como resultado de este proceso, nuestra base de datos final a analizar constó de 34.175 publicaciones compartidas por 11.357 *influencers* de tipo local y universal. Es importante destacar que todos los grupos considerados en esta investigación (según los diferentes tipos de *influencers*, el sentimiento de publicación y el origen) estaban altamente representados (**Tabla 9**).

Tabla 9. Clasificación de la muestra

Construir	Variables	n
Tipo de influencer (seguidores)	Nano	28.972
	Micro	4.630
	Macro	573
Sentimiento de publicación	Positivo	23.676
	Negativo	10.499
Origen del influencer	Universal	19.888
	Local	14.287
	Total:	34.175

Para lograr los objetivos propuestos en esta investigación, se realizó un análisis estadístico para observar el efecto del tipo de *influencer,* según sus seguidores, en la generación de *engagement* en sus publicaciones. Se realizó un análisis de modelo lineal generalizado univariado (UGLM) utilizando *IBM SPSS statistics v.26.* Este método proporciona un análisis de regresión y un análisis de varianza para una variable dependiente utilizando varios factores o variables. Además, esta metodología permite introducir los efectos de las covariables, las variables de control o los efectos moderadores (IBM, 2022), lo que permitió medir el efecto del origen de los *influencers* y el sentimiento de sus publicaciones en la generación de *engagement* en el modelo.

6.5. Resultados

Los resultados del análisis UGLM indican diferencias significativas para las variables independientes en la tasa de Me gusta y la tasa de *engagement*, pero no en la tasa de comentarios. Esto se debe a las diferencias reales en el comportamiento de los usuarios, ya que las publicaciones de los *influencers* están en me gustas, en lugar de comentarios, debido al esfuerzo requerido para cada acción (Aldous et al., 2021). Mientras que dar un "me gusta" requiere el menor esfuerzo, comentar una publicación es la acción que requiere más tiempo y esfuerzo (Mariani et al., 2016).

En cuanto a la prueba de hipótesis, en primer lugar, encontramos apoyo para H1a y H1c, es decir, los tres tipos de *influencers* según el número de seguidores explican significativamente la tasa de *engagement* global ($F_{2, 34,173} = 467,71$, $p < 0,00$) y la tasa similar ($F_{2, 34,173} = 475,99$, $p < 0,00$). En la **Tabla 10** se muestran los resultados descriptivos según las variables independientes.

En concreto, la tasa de *engagement* global se explica por el tipo de *influencer* según sus seguidores. En particular, se observa una mayor tasa de *engagement* cuando las publicaciones son compartidas por un *nano influencer* (M = 4,73) en comparación con un *micro influencer* (M = 1,14). Aunque algunos estudios concluyen que tener más seguidores afecta a la credibilidad y simpatía percibida del *influencer* (Yılmazdoğan et al., 2021), nuestros resultados se alinean con otras investigaciones contrarias a esta visión que muestra que un gran número de seguidores no siempre es garantía de éxito, ya que dependiendo del tipo de contexto y producto, los seguidores pueden percibir poca originalidad y exclusividad del contenido, e interactuar menos (De Veirman et al., 2017). Estos resultados son similares para la tasa de me gustas, dado que se produce una tasa de me gustas más alta cuando las publicaciones son compartidas por un nano *influencer* (M = 4,51) en comparación con un micro *influencer* (M = 1,54) y comparadas con una macro influencia (M = 1,07). Asimismo, en cuanto al número de seguidores, se observa cómo las tasas de *engagement* y me gustas se amplifican a medida que disminuye el número de seguidores, en línea con la literatura sobre la teoría de los lazos débiles, demostrando que los usuarios tienen respuestas más intensas a los contenidos de las redes sociales con los usuarios con los que tienen lazos más fuertes (Chu y Kim, 2011; Feng et al., 2021; Gafter y Tchetchik, 2017; Lin y Utz, 2015; Zhang et al., 2021). Como se mencionó anteriormente, esta significación no se cumple para la tasa de comentarios; por lo tanto, se rechaza H1b.

Tabla 10. Estadísticas descriptivas
(variables dependientes: tasa de engagement y tasa de me gustas)

Tipo de influencer	Sentimiento de publicación	Origen del influencer	Engagement		Me gustas		n
			Sig.	Desviación estándar	Sig.	Desviación estándar	
Nano influencer	Negativo	Local	5,229	5,271	5,036	5,064	1.426
		Universal	5,186	5,824	4,966	5,514	7.772
		Total	5,193	5,742	4,977	5,446	9.198
	Positivo	Local	4,301	4,581	4,121	4,323	9.821
		Universal	4,713	6,163	4,469	5,825	9.953
		Total	4,509	5,439	4,296	5,137	19.774
	Total	Local	4,419	4,684	4,237	4,434	11.247
		Universal	4,921	6,021	4,687	5,696	17.725
		Total	4,726	5,546	4,512	5,247	28.972
Micro influencer	Negativo	Local	1,272	1,307	1,233	1,253	324
		Universal	1,921	2,839	1,854	2,767	796
		Total	1,734	2,511	1,674	2,444	1.120
	Positivo	Local	1,295	1,364	1,253	1,302	2.538
		Universal	2,246	2,608	2,134	2,529	972
		Total	1,559	1,846	1,497	1,775	3.510
	Total	Local	1,293	1,358	1,251	1,297	2.862
		Universal	2,100	2,719	2,008	2,642	1.768
		Total	1,601	2,028	1,510	1,959	4.630
Macro influencer	Negativo	Local	0,554	0,552	0,535	0,529	7
		Universal	1,404	2,739	1,380	2,708	174
		Total	1,371	2,692	1,348	2,661	181
	Positivo	Local	1,059	1,184	0,929	0,829	171
		Universal	1,003	1,224	0,957	1,145	221
		Total	1,027	1,205	0,945	1,018	392
	Total	Local	1,039	1,169	0,913	0,822	178
		Universal	1,180	2,042	1,144	1,999	395
		Total	1,136	1,816	1,072	1,724	573
Total	Negativo	Local	4,481	5,028	4,317	4,830	1.757
		Universal	4,814	5,671	4,611	5,374	8.742
		Total	4,758	5,569	4,562	5,288	10.499
	Positivo	Local	3,648	4,288	3,497	4,052	12.530
		Universal	4,425	5,938	4,196	5,615	11.146
		Total	4,014	5,146	3,826	4,863	23.676
	Total	Local	3,750	4,394	3,598	4,164	14.287
		Universal	4,596	5,825	4,378	5,514	19.888
		Total	4,242	5,291	4,052	5,009	34.175

En segundo lugar, y de manera similar, el análisis de UGLM revela diferencias significativas en las tasas de *engagement* y me gustas que se obtienen cuando cambia el sentimiento expresado en las publicaciones de los *influencers*. Por lo tanto, encontramos soporte para H2a y H2c. Es decir, el sentimiento general de la publicación modera la relación entre el tipo de *influencers* según sus seguidores y la tasa de *engagement* global ($F_{2, 34,173} = 9,22$, p < 0,00) y la tasa de me gustas ($F_{2, 34,173} = 8,66$, p < 0,00). No hay diferencias significativas en la tasa de comentarios; por lo tanto, se rechaza H2b.

En concreto, el efecto del tipo de *influencer* según sus seguidores sobre la tasa de *engagement* está moderado por el sentimiento general de la publicación, siendo mayor cuando la emoción es negativa. En la muestra obtenida, cuando los *influencers* comparten publicaciones con sentimientos negativos, obtienen una tasa media de *engagement* más alta (M = 4,76 que cuando publican publicaciones positivas (M = 4,01) (no significativo). Esto se debe a que, según la teoría de la fuerza de los lazos débiles, los lazos fuertes y débiles entre usuarios e *influencers* hacen que la intensidad de la relación sea diferente (Chu & Kim, 2011).

Por tipo de *influencer* según sus seguidores, los nano *influencers* obtienen un mayor *engagement* en las publicaciones negativas (M = 5,19) frente a las positivas (M = 4,51), al igual que los micro *influencers*, que obtienen un mayor *engagement* en las publicaciones negativas (M = 1,73) frente a las positivas (M = 1,56), y los *macro influencers* obtienen un mayor *engagement* en las publicaciones negativas (M = 1,37) frente a las positivas (M = 1,02). Los resultados son similares para las tasas similares (**Tabla 10**).

Además, se observa que esta diferencia de medias entre las tasas de *engagement* para las publicaciones negativas frente a las positivas es especialmente grande entre los *influencers* con menos seguidores, los nano *influencers* (diferencia de medias en *engagement*=0,684, diferencia de medias en me gustas=0,681) (**Figura 17**). De acuerdo con la teoría de la fuerza de los lazos débiles, los lazos fuertes dan lugar a mayores implicaciones, por lo que en este caso, la mayor diferencia tanto en el *engagement* como en las tasas de agrado se produce entre los nano *influencers*, lo que demuestra su poder de persuasión y movimiento de masas (Femenia-Serra y Gretzel, 2020).

Aunque algunos estudios concluyen que el contenido positivo de los *influencers* con un gran número de seguidores conlleva una mayor *engagement* que los *influencers* menos populares (Jin y Phua, 2014), hasta ahora no se había analizado si este efecto también se producía en otros tipos de contenidos. Nuestros resultados se alinean con los resultados de investigaciones previas que concluyen que el contenido negativo activa el *engagement* de los usuarios en las plataformas de redes sociales (Akuma et al., 2021; Boot et al., 2021; Hansen et al., 2011; Nigmatullina & Rodossky, 2022; Steinert, 2021), y ampliamos aún más la literatura académica al concluir que este efecto se vuelve más extremo entre los *influencers* con un menor número de seguidores, como los *nano influencers*.

Figura 17. *Engagement* según el tipo de *influencer* y el sentimiento

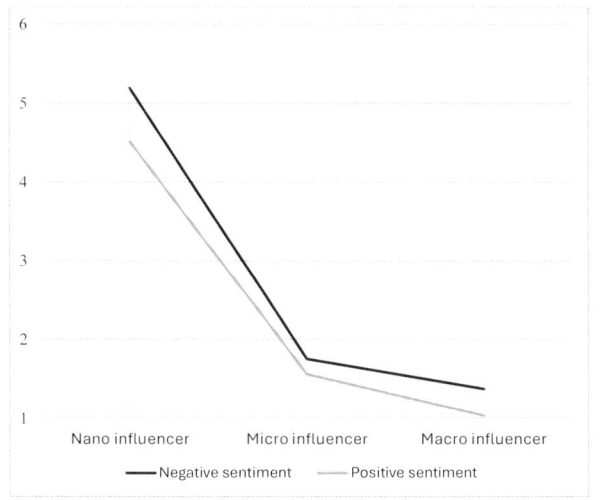

En tercer lugar, y de manera similar, el análisis de UGLM revela diferencias significativas en las tasas de *engagement* y me gustasque se obtienen cuando cambia el origen del *influencer*. Por lo tanto, encontramos soporte para H3a y H3c. Es decir, el origen del *influencer* respecto al destino con el que tiene una conexión territorial modera la relación entre el tipo de *influencer* según sus seguidores y la tasa de *engagement* global ($F_{2, 34,173} = 4,20$, $p < 0,01$), y la tasa similar ($F_{2, 34,173} = 4,65$, $p < 0,00$). No hay diferencias significativas en la tasa de comentarios; por lo tanto, se rechaza H3b.

Generalmente, cuando los *influencers* locales comparten contenido relacionado con su lugar de residencia, obtienen tasas de *engagement* más bajas (M = 3,75) que los *influencers* universales o los turistas (M = 4,60) (no significativos). Dado que los *influencers* o turistas universales tienden a compartir contenido sobre las principales atracciones turísticas del destino que están visitando, y este contenido es probablemente novedoso para su audiencia, tiene sentido que los resultados reflejen tasas de *engagement* más altas para este tipo de contenido (Ingrassia et al., 2022).

En concreto, el efecto del tipo de *influencer* según sus seguidores sobre la tasa de *engagement* está moderado por la procedencia del *influencer* (**Figura 18**). En general, los tres tipos de *influencers* según sus seguidores obtienen mayores tasas de *engagement* cuando son universales en comparación con cuando son locales, tanto *nano influencers* (M = 4,92 vs M = 4,42), *micro influencers* (M = 2,10 vs. M = 1,29), y macro *influencers* (M = 1,18 vs. M = 1,04). Los resultados son similares para las tasas similares (**Tabla 10**).

Además, comparando los resultados por grupos de *influencers* en función de sus seguidores, se observa que estas diferencias se amplifican para los *nano influencers* locales en comparación con los *micro influencers* (diferencia media en *engagement* = 3,13, diferencia media enme gustas = 2,99). Por último, al comparar los resultados por tipos de *influencers* en función de su origen, estas diferencias en las tasas de *engagement* y me gustas se amplían entre los *influencers* locales frente a los universales de los tipos nano y micro (**Tabla 11**). De acuerdo con la teoría de la fuerza de los lazos débiles, los contenidos de los *influencers* de viajes que tienen un vínculo más fuerte con su audiencia (es decir, menos seguidores) publican contenidos más enriquecedores para su audiencia y más creíbles, por lo que los resultados obtenidos son consistentes con esta teoría y con estudios previos (Feng et al., 2021; Lin y Xu, 2017; Luo y Zhong, 2015).

Estos resultados también demuestran que, aunque las personas tienden a sentirse obligadas a interactuar con el contenido de los usuarios con los que tienen un fuerte vínculo (Renton & Simmonds, 2017), esto no ocurre necesariamente en el contexto de los influencers turísticos locales. Del mismo modo, parece que el apego al lugar y la identidad del lugar no tienen un efecto lo suficientemente intenso como para que los influencers locales superen a los influencers universales en las tasas de engagement (Chang et al., 2023).

Tabla 11. Diferencia de medias para el *engagement* y los me gustas en función del tipo de *influencer*

	Tasa de *engagement*				Tasa de Me gusta			
	Local		Universal		Local		Universal	
	Total	Diferencia	Total	Diferencia	Total	Diferencia	Total	Diferencia
Nano influencer	4,419	0	4,921	0	4,237	0	4,687	0
Micro influencer	1,293	3,126	2,1	2,821	1,251	2,986	2,008	2,679
Macro influencer	1,039	0,254	1,18	0,92	0,913	0,338	1,144	0,864

Figura 18. *Engagement* según el tipo de *influencer* y el tipo de procedencia

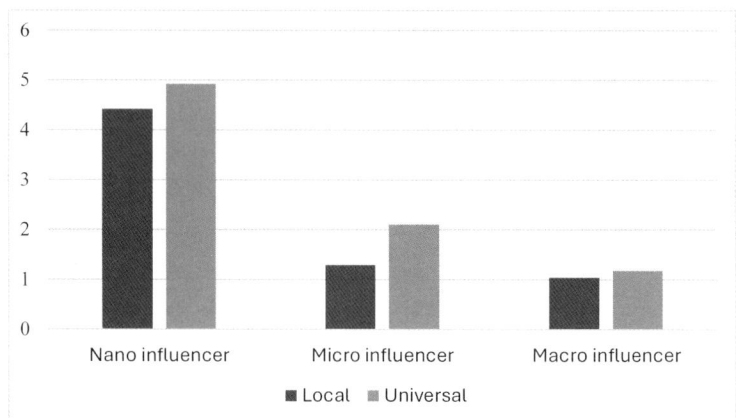

6.6. Conclusiones y discusión

Esta investigación analiza el *engagement* recibido por 34.175 publicaciones compartidas por 11.357 *influencers* (SMI) clasificados por su conexión emocional con sus seguidores, y la conexión territorial con el destino desde el que comparten contenidos (local versus universal). Este estudio se basa en la teoría de la fuerza de los lazos débiles para entender el efecto de los vínculos emocionales generados por las audiencias de los *influencers* a través de dos relaciones: las conexiones con el propio *influencer*, dado que el número de seguidores afecta a la intensidad de la relación entre el *influencer* y el usuario que interactúa con su contenido, reflejándose esta conexión también en el *engagement* que reciben las publicaciones en función del tipo de emoción transmitida en las publicaciones; y las conexiones o vínculos afectivos con el destino, reflejados en los índices de *engagement* de los contenidos publicados por los *influencers* que varían en función de su origen o conexión territorial con el destino.

Antes del análisis estadístico, se filtró la base de datos y se realizó un análisis de contenido utilizando IA para textos, imágenes y metadatos. Los resultados proporcionan a las DMOs diferentes claves en la selección de los SMIs para desarrollar estrategias de marketing en los destinos turísticos.

Implicaciones teóricas

Uno de los mayores retos del marketing de *influencers* es la identificación de las SMI adecuadas para cada estrategia (De Veirman et al., 2017). Como métrica de alcance potencial, el número de seguidores se utiliza como punto de partida hoy en día, pero un alcance más amplio no implica un mayor número de *engagement* de los seguidores, como muestran nuestros resultados.

En primer lugar, los hallazgos de este estudio contribuyen a la selección de *influencers* al indicar que el número de seguidores que tiene un *influencer* afecta a la interacción que la audiencia tiene con su contenido, y esto se explica principalmente por el número de seguidores que tiene el *influencer,* no siempre implicando que un gran número de seguidores se traduzca en una verdadera influencia con los resultados del marketing (De Veirman et al., 2017). En consecuencia, este estudio contribuye teóricamente al debate en curso sobre el liderazgo de los *influencers* y su conversión en contenidos que generen un *engagement* útil para las DMO.

Estos resultados reflejan la esencia de la teoría de la fuerza de los lazos débiles de Granovetter de 1973, que explica cómo los usuarios tienen relaciones con otras personas que implican lazos fuertes y débiles, y que en el contexto de las plataformas de redes sociales, implican diferentes comportamientos y reacciones en función del vínculo existente entre el usuario y el *influencer*, siendo cada vez menores a medida que aumenta el número de seguidores debido a la imposibilidad de una gestión personalizada por parte de las SMI. Por lo tanto, los resultados de esta investigación nos permiten concluir qué tipos de *influencers* en términos de seguidores generan más engagement: los nano *influencers* generan mayores tasas de *engagement*, algo de lo que había poca evidencia en la literatura.

Así, esta investigación concluye que, dado que los *influencers* con un mayor número de seguidores crean enlaces más débiles, y los *influencers* con un menor número de seguidores crean enlaces más fuertes, estos últimos obtienen respuestas emocionales más intensas y, por tanto, una mayor tasa de *engagement* (Chu y Kim, 2011; Lin y Utz, 2015; Steffes y Burgee, 2009).

En segundo lugar, se descubrió que el sentimiento negativo en la publicación desencadenó tasas de *engagement* más altas. Esto se debe a la conexión emocional que se produce entre el influencer y sus seguidores, que se ve afectada por el tamaño de su comunidad. Cuando un influencer tiene menos seguidores y puede crear un vínculo más estrecho y directo con su comunidad, estos seguidores reaccionan más intensamente a su contenido negativo, probablemente debido a la empatía desarrollada con el *influencer*. Por lo tanto, los resultados de esta investigación permiten concluir qué tipo de contenido publicado por las SMI genera mayores tasas de *engagement*, algo que se desconocía en la literatura académica (Femenia-Serra y Gretzel, 2020). Estos resultados también reflejan la esencia de la teoría de la fuerza de los lazos débiles. Dado que los vínculos que generan las SMIs con su audiencia dependen del número de seguidores, era razonable pensar que la audiencia no reaccionaría de la misma manera ante el contenido positivo y negativo de las SMIs. Los hallazgos reflejan esta tendencia y son consistentes con otras investigaciones que indican que las implicaciones emocionales serán mayores con los SMI con los que hay un vínculo más fuerte y, por lo tanto, con el contenido compartido.

Por último, este estudio es el primero en incluir la importancia del origen del *influencer* en un contexto turístico para medir diferentes tasas de *engagement*. Hasta donde sabemos, se descubrió qué tipo de *influencers* en términos de conexión territorial permiten el aumento de las tasas de *engagement*. Estos resultados también se enmarcan en la teoría de la fuerza de los lazos débiles, dado que los vínculos sociales entre las personas permiten la creación de vínculos identitarios asociados al territorio que impactan en el comportamiento de la audiencia. Los resultados muestran que, aunque los *influencers* universales obtienen mayores tasas de *engagement* probablemente debido a la originalidad percibida por su audiencia, las mayores diferencias en las tasas de *engagement* se producen entre los *influencers* locales. Este hallazgo confirma las implicaciones descritas por Ingrassia et al. (2022) En relación a la influencia que los *influencers* locales tienen en su destino, siendo percibidos como más creíbles y expertos en el destino.

Por lo tanto, aunque puede resultar tentador elegir un *influencer* con un alto número de seguidores, en cualquier caso, esta no es la mejor opción de marketing estratégico, específicamente en relación a las experiencias turísticas, ya que se ha comprobado que los *influencers* con menos seguidores producen tasas de *engagement* superiores con su contenido. Estas conclusiones son muy importantes ya que indican una vez más que un gran número de seguidores no siempre es garantía de éxito, y por lo tanto se concluye que es más importante tener en cuenta los temas que publican los *influencers* y la audiencia a la que llegan en términos de intereses y actividades, más que el tamaño de su audiencia (De Veirman et al., 2017).

Por último, este estudio aboga por el uso de tecnologías como la IA, aplicadas a las plataformas de redes sociales y grandes cantidades de datos para obtener una investigación más completa. Estas tecnologías son cada vez más accesibles para los investigadores debido a los numerosos modelos de código abierto (Zhang et al., 2023).

Implicaciones gerenciales

Los hallazgos de este estudio proporcionan evidencia para comprender qué tipos de *influencers* y qué tipo de contenido son los más adecuados para maximizar las tasas de *engagement* en plataformas de redes sociales como Instagram y en un contexto turístico.

En primer lugar, los resultados de este estudio ayudan a las DMO en sus estrategias de marketing al ofrecer evidencia sobre qué tipo de *influencers*, en función del número de seguidores, deben seleccionarse si quieren aumentar sus tasas de *engagement*. A la hora de buscar un *influencer* adecuado, las DMO deben tener en cuenta no sólo el número de seguidores, sino también la calidad de la relación del SMI con su audiencia. Los resultados demuestran que las SMI con menos seguidores generan vínculos más fuertes con sus seguidores, y esto les permite aumentar la tasa de *engagement* de sus publicaciones gracias al desarrollo de relaciones de mayor calidad con su audiencia.

En segundo lugar, en relación a estos fuertes lazos creados entre las SMI y su audiencia, también se concluye que, ligado a esa conexión que surge entre *influencer* y seguidor cuando el *influencer* tiene una comunidad más pequeña, el usuario puede empatizar más con el *influencer* y reaccionar más intensamente a sus publicaciones, como demuestran nuestros resultados al demostrar que los usuarios reaccionan más intensamente a los contenidos negativos cuando el vínculo con el *influencer* es más fuerte.

Por último, los hallazgos reflejan que, sin duda, la contratación de *influencers* externos o universales al destino generará más *engagement* en las publicaciones que la contratación de *influencers* locales, pero analizando específicamente el número de seguidores, estas diferencias en las tasas de *engagement* obtenidas se maximizan en los *influencers* locales más que en los universales. Este hallazgo implica que elegir un na*no influencer* en lugar de uno micro de tipo local generará una mayor diferencia en el *engagement* que la de un *nano influencer* frente a un *micro influencer* universal.

Estos hallazgos nos permiten concluir que, dado que el número de seguidores de un *influencer* influye en el coste de su contratación por parte de las DMO para sus promociones, podría ser recomendable incorporar varios *nano influencers* en sus estrategias, en lugar de un *influencer* universal, ya que los *nano influencers* permitirían mayores tasas de *engagement* a un menor coste.

Implicaciones metodológicas

Existe una clara falta de aplicación de métodos mixtos de investigación en el contexto de los viajes y el turismo en general, dado el escaso número de estudios que integran análisis cuantitativos y cualitativos, con diferentes tipos de datos como fotografías, textos y metadatos, y con una gran cantidad de datos (Filieri et al., 2021).

Por lo tanto, esta investigación adoptó un enfoque de métodos mixtos, combinando el análisis del contenido visual (fotos) a través de la técnica de DL; análisis de contenidos textuales (textos) mediante la técnica de aprendizaje automático; y análisis de metadatos como comentarios, me gustas y fechas de publicación, que permiten filtrar el gran conjunto de datos obtenidos. La adopción de este enfoque nos permitió mejorar la comprensión del valor de la investigación basada en métodos mixtos, así como ampliar la investigación en ciencias sociales a través de una imagen más integral del fenómeno bajo investigación.

Limitaciones y recomendaciones para estudios futuros

Las DMO deben mirar más allá del número de seguidores a la hora de seleccionar los grupos ideales de *influencers* para incorporar a sus estrategias de marketing, sobre todo porque descubrimos que los *influencers* con un gran número de seguidores no necesariamente permiten mayores tasas de *engagement* en las publicaciones. Por lo tanto, se deben evaluar otras variables como el tipo de contenido que publican, su estilo o incluso las características de su audiencia (Bergkvist et al., 2016).

Futuras investigaciones podrían profundizar en estas variables específicas y ver cómo influyen en las tasas de *engagement* de los *influencers*, verificando así la verdadera influencia que se ejerce sobre los usuarios. Dado que diferentes *influencers* pueden evocar diferentes efectos, las investigaciones futuras podrían explorar si ciertos tipos de *influencers*, por ejemplo, los especializados en diferentes tipos de turismo, tienen más probabilidades de influir en su audiencia que otros (De Veirman et al., 2017).

A través de estos hallazgos, este estudio amplía el conocimiento limitado sobre el marketing de *influencers* en el campo de los viajes y el turismo (Femenia-Serra y Gretzel, 2020) y mejora la comprensión de las prácticas contemporáneas de comercialización de destinos. Por otro lado, los resultados muestran que el marketing de *influencers* para destinos debe formar parte de una visión estratégica y una planificación a largo plazo, dado que la selección del *influencer* y su audiencia debe responder a objetivos concretos (Femenia-Serra y Gretzel, 2020)

Sin embargo, los hallazgos específicos de este caso no son extrapolables a otros destinos debido a su alta dependencia de un contexto particular de turismo de interior, cultural y gastronómico. Futuras investigaciones deberían validar estos hallazgos en otros tipos de destinos, con diferentes características (por ejemplo, destinos de sol y playa, destinos de naturaleza o destinos urbanos).

Además, esta investigación omite los tipos de *influencers* con mayores tasas de seguidores debido a la particularidad del destino. Sin embargo, las investigaciones futuras deben centrarse en comprender el papel de los *influencers* en destinos ampliamente conocidos, donde viajan los *mega influencers* y conocer cómo se comportan sus audiencias.

En conclusión, el número de seguidores es una métrica de marketing interesante para buscar *influencers*, pero no es clave para lograr el éxito en las estrategias de marketing turístico.

Además, se debe tener en cuenta la procedencia del *influencer* en relación con el destino a promocionar, dado que asociarse con un *influencer* con un gran número de seguidores puede no ser la mejor opción, ya que esto puede reducir la credibilidad y la singularidad percibida de la marca y, en consecuencia, reducir el *engagement* hacia el contenido compartido.

7. REFERENCIAS

Abbasi, A. Z., Tsiotsou, R. H., Hussain, K., Rather, R. A., & Ting, D. H. (2023). Investigating the impact of social media images' value, consumer engagement, and involvement on eWOM of a tourism destination: A transmittal mediation approach. *Journal of Retailing and Consumer Services*, *71*, 103231. https://doi.org/10.1016/j.jretconser.2022.103231

Abidin, C., Lee, J., Barbetta, T., & Miao, W. S. (2021). Influencers and CO-VID-19: reviewing key issues in press coverage across Australia, China, Japan, and South Korea. *Media International Australia*, *178*(1), 114-135. https://doi.org/10.1177/1329878X20959838

Agostino, D., Arnaboldi, M., & Calissano, A. (2019). How to quantify social media influencers: An empirical application at the Teatro alla Scala. *Heliyon*, *5*(5), e01677. https://doi.org/10.1016/j.heliyon.2019.e01677

Aiken, L. S., West, S. G., & Reno, R. R. (1991). *Multiple Regression: Testing and Interpreting Interactions*. SAGE Publications.

Akdim, K. (2021). The influence of eWOM. Analyzing its characteristics and consequences, and future research lines. *Spanish Journal of Marketing - ESIC*, *25*(2), 239-259. https://doi.org/10.1108/SJME-10-2020-0186

Akuma, S., Obilikwu, P., & Ahar, E. (2021). Sentiment analysis of social nedia content for music recommendation. *Nigerian Annals of Pure and Applied Sciences*, *4*(1), 110-120. https://doi.org/10.46912/napas.225

Aldous, K. K., An, J., & Jansen, B. J. (2021). Measuring 9 emotions of news posts from 8 news organizations across 4 social media platforms for 8 months. *ACM Transactions on Social Computing*, *4*(4), 1-31. https://doi.org/10.1145/3516491

An, Q., Ma, Y., Du, Q., Xiang, Z., & Fan, W. (2020). Role of user-generated photos in online hotel reviews: An analytical approach. *Journal of Hospitality and Tourism Management*, *45*, 633-640. https://doi.org/10.1016/j.jhtm.2020.11.002

Apaolaza, V., Paredes, M. R., Hartmann, P., & D'Souza, C. (2021). How does restaurant's symbolic design affect photo-posting on instagram? The moderating role of community commitment and coolness. *Journal of Hospitality Marketing and Management*, *30*(1), 21-37. https://doi.org/10.1080/1936862 3.2020.1768195

Aramendia-Muneta, M. E., Olarte-Pascual, C., & Ollo-López, A. (2021). Key image attributes to elicit likes and comments on Instagram. *Journal of Promotion Management*, *27*(1), 50-76. https://doi.org/10.1080/10496491.2020.1809594

Araujo-Batlle, A., Garay-Tamajón, L. A., & Morales-Pérez, S. (2023). Recreation and tourism selfies versus conservation: The influence of user-generated content in the image of protected natural spaces. *Journal of Outdoor Recreation and Tourism*, 100644. https://doi.org/10.1016/j.jort.2023.100644

Arefeva, V., & Egger, R. (2022). When BERT started traveling: TourBERT—A natural language processing model for the travel industry. *Digital*, *2*(4), 546-559. https://doi.org/10.3390/digital2040030

Arefieva, V., Egger, R., & Yu, J. (2021). A machine learning approach to cluster destination image on Instagram. *Tourism Management*, *85*, 104318. https://doi.org/10.1016/j.tourman.2021.104318

Arival. (2023). *The 2023 experiences traveler*. https://arival.travel/research/the-2023-experiences-traveler/

Aro, K., Suomi, K., & Saraniemi, S. (2018). Antecedents and consequences of destination brand love — A case study from Finnish Lapland. *Tourism Management*, *67*, 71-81. https://doi.org/10.1016/j.tourman.2018.01.003

Asan, K. (2022). Measuring the impacts of travel influencers on bicycle travellers. *Current Issues in Tourism*, *25*(6), 978-994. https://doi.org/10.1080/13683500 .2021.1914004

Asdecker, B. (2022). Travel-related influencer content on Instagram: How social media fuels wanderlust and how to mitigate the effect. *Sustainability*, *14*(2), 855. https://doi.org/10.3390/su14020855

Azure. (2023). *Computer Vision*. https://azure.microsoft.com/en-gb/products/cognitive-services/computer-vision/

Baker, M. J. (1976). Communication theory and marketing. In M. J. Baker (Ed.), *Macmillan Studies in Marketing Management*. Palgrave, London. https://doi.org/https://doi.org/10.1007/978-1-349-15703-7_5

Bakhshi, S., Shamma, D. A., & Gilbert, E. (2014). Faces engage us: Photos with faces attract more likes and comments on instagram. *Conference on Human Factors in Computing Systems - Proceedings*, 965-974. https://doi.org/10.1145/2556288.2557403

Ballester, E., Ruiz-Mafé, C., & Rubio, N. (2023). Females' customer engagement with eco-friendly restaurants in Instagram: the role of past visits. *International Journal of Contemporary Hospitality Management, 35*(6), 2267-2288. https://doi.org/10.1108/IJCHM-02-2022-0178

Balomenou, N., & Garrod, B. (2019). Photographs in tourism research: Prejudice, power, performance and participant-generated images. *Tourism Management, 70*, 201-217. https://doi.org/10.1016/j.tourman.2018.08.014

Bao, T., & Chang, T. S. (2014). Why Amazon uses both the New York Times Best Seller List and customer reviews: An empirical study of multiplier effects on product sales from multiple earned media. *Decision Support Systems, 67*, 1-8. https://doi.org/10.1016/j.dss.2014.07.004

Barry, C. T., McDougall, K. H., Anderson, A. C., Perkins, M. D., Lee-Rowland, L. M., Bender, I., & Charles, N. E. (2019). 'Check your selfie before you wreck your selfie': Personality ratings of Instagram users as a function of self-image posts. *Journal of Research in Personality, 82*, 103843. https://doi.org/10.1016/j.jrp.2019.07.001

Barta, S., Belanche, D., Fernández, A., & Flavián, M. (2023). Influencer marketing on TikTok: The effectiveness of humor and followers' hedonic experience. *Journal of Retailing and Consumer Services, 70*, 103149. https://doi.org/10.1016/j.jretconser.2022.103149

Belanche, D., Casaló, L. V., & Flavián, C. (2017). Understanding the cognitive, affective and evaluative components of social urban identity: Determinants, measurement, and practical consequences. *Journal of Environmental Psychology, 50*, 138-153.

Bell, E., & Davison, J. (2013). Visual management studies: Empirical and theoretical approaches. *International Journal of Management Reviews, 15*(2), 167-184. https://doi.org/10.1111/j.1468-2370.2012.00342.x

Bergkvist, L., Hjalmarson, H., & Mägi, A. W. (2016). A new model of how celebrity endorsements work: Attitude toward the endorsement as a mediator of celebrity source and endorsement effects. *International Journal of Advertising, 35*(2), 171-184. https://doi.org/10.1080/02650487.2015.1024384

Bhachech, J. T. (2021). Selfie and Narcissism in Young Adults. *TAZKIYA: Journal of Psychology, 9*(2), 153-163. https://doi.org/10.15408/tazkiya.v9i2.21558

Bhatt, J. (2020). *Selfie image detection dataset.* https://www.kaggle.com/datasets/jigrubhatt/selfieimagedetectiondataset

Bhatt, P., & Pickering, C. M. (2023). Analysing spatial and temporal patterns of tourism and tourists' satisfaction in Nepal using social media. *Journal of*

Outdoor Recreation and Tourism, *44*(Part A), 100647. https://doi.org/10.1016/j.jort.2023.100647

Bisogni, C., Cimmino, L., Marsico, M. De, Hao, F., & Narducci, F. (2023). Emotion recognition at a distance: The robustness of machine learning based on hand-crafted facial features vs deep learning models. *Image and Vision Computing*, 104724. https://doi.org/10.1016/j.imavis.2023.104724

Blanco-Moreno, S., González-Fernández, A. M., & Muñoz-Gallego, P. A. (2023). Big data in tourism marketing: Past research and future opportunities. *Spanish Journal of Marketing - ESIC*. https://doi.org/10.1108/SJME-06-2022-0134

Blanco-Moreno, S., González-Fernández, A. M., Muñoz-Gallego, P. A., & Egger, R. (2024). What do you do or with whom? Understanding happiness with the tourism experience: an AI approach applied to Instagram. *Humanities and Social Sciences Communications*, *11*(1), 1-16. https://doi.org/10.1057/s41599-024-02859-z

Bødker, M., & Browning, D. (2012). Beyond destinations: exploring tourist technology design spaces through local-tourist interactions. *Digital Creativity*, *23*(3-4), 204-224. https://doi.org/10.1080/14626268.2012.709939

Boot, A. B., Dijkstra, K., & Zwaan, R. A. (2021). The processing and evaluation of news content on social media is influenced by peer-user commentary. *Humanities and Social Sciences Communications*, *8*(1), 1-11. https://doi.org/10.1057/s41599-021-00889-5

Buchholz, O., & Grote, T. (2023). Predicting and explaining with machine learning models: Social science as a touchstone. *Studies in History and Philosophy of Science*, *102*, 60-69. https://doi.org/10.1016/j.shpsa.2023.10.004

Bufquin, D., Park, J. Y., Back, R. M., Nutta, M. W. W., & Zhang, T. (2020). Effects of hotel website photographs and length of textual descriptions on viewers' emotions and behavioral intentions. *International Journal of Hospitality Management*, *87*, 102378. https://doi.org/10.1016/j.ijhm.2019.102378

Calderón-Fajardo, V., Anaya-Sánchez, R., & Molinillo, S. (2024). Understanding destination brand experience through data mining and machine learning. *Journal of Destination Marketing and Management*, *31*, 100862. https://doi.org/10.1016/j.jdmm.2024.100862

Canavan, B. (2017). Narcissism normalisation: tourism influences and sustainability implications. *Journal of Sustainable Tourism*, *25*(9), 1322-1337. https://doi.org/10.1080/09669582.2016.1263309

Carazo, P., & Font, E. (2010). Putting information back into biological communication. *Journal of Evolutionary Biology*, *23*(4), 661-669. https://doi.org/10.1111/j.1420-9101.2010.01944.x

Casale, S., & Banchi, V. (2020). Narcissism and problematic social media use: A systematic literature review. *Addictive Behaviors Reports*, *11*, 100252. https://doi.org/10.1016/j.abrep.2020.100252

Casaló, L. V., Flavián, C., & Ibáñez-Sánchez, S. (2017). Antecedents of consumer intention to follow and recommend an Instagram account. *Online Information Review*, *41*(7), 1046-1063. https://doi.org/10.1108/OIR-09-2016-0253

Casaló, L. V., Flavián, C., & Ibáñez-Sánchez, S. (2020). Influencers on Instagram: Antecedents and consequences of opinion leadership. *Journal of Business Research*, *117*, 510-519. https://doi.org/10.1016/j.jbusres.2018.07.005

Casaló, L. V., Flavián, C., & Ibáñez-Sánchez, S. (2021). Be creative, my friend! Engaging users on Instagram by promoting positive emotions. *Journal of Business Research*, *130*, 416-425. https://doi.org/10.1016/j.jbusres.2020.02.014

Cassia, F., & Magno, F. (2019). Assessing the power of social media influencers: A comparison between tourism and cultural bloggers. In G. Granata, A. Moretta, & T. Tsiakis (Eds.), *Predicting Trends and Building Strategies for Consumer Engagement in Retail Environments* (pp. 169-186). IGI Global. https://doi.org/10.4018/978-1-5225-7856-7.ch009

Chang, J., Lin, Z., Vojnovic, I., Qi, J., Wu, R., & Xie, D. (2023). Social environments still matter: The role of physical and social environments in place attachment in a transitional city, Guangzhou, China. *Landscape and Urban Planning*, *232*, 104680. https://doi.org/10.1016/j.landurbplan.2022.104680

Chatzopoulou, E., Filieri, R., & Dogruyol, S. A. (2020). Instagram and body image: Motivation to conform to the "Instabod" and consequences on young male wellbeing. *Journal of Consumer Affairs*, *54*(4), 1270-1297. https://doi.org/10.1111/joca.12329

Chen, Z., Chan, I. C. C., & Egger, R. (2023). Gastronomic image in the foodstagrammer's eyes - A machine learning approach. *Tourism Management*, *99*, 104784. https://doi.org/10.1016/j.tourman.2023.104784

Cheng, C. K., & Kuo, H. Y. (2015). Bonding to a new place never visited: Exploring the relationship between landscape elements and place bonding. *Tourism Management*, *46*, 546-560. https://doi.org/10.1016/j.tourman.2014.08.006

Chintagunta, P. K., Gopinath, S., & Venkataraman, S. (2010). The effects of online user reviews on movie box office performance: Accounting for sequential rollout and aggregation across local markets. *Marketing Science*, *29*(5), 944-957. https://doi.org/10.1287/mksc.1100.0572

Chironi, S., Bacarella, S., Altamore, L., Columba, P., & Ingrassia, M. (2021). Consumption of spices and ethnic contamination in the daily diet of Italians

- consumers' preferences and modification of eating habits. *Journal of Ethnic Foods*, *8*(1). https://doi.org/10.1186/s42779-021-00082-8

Choudhary, P., & Gangotia, A. (2017). Influencer identification in Twitter networks of destination marketing organizations purpose. *Journal of Hospitality and Tourism Technology*, *8*(2), 205-219. https://doi.org/https://doi.org/10.1108/JHTT-09-2016-0057

Christou, P., Farmaki, A., Saveriades, A., & Georgiou, M. (2020). Travel selfies on social networks, narcissism and the "attraction-shading effect". *Journal of Hospitality and Tourism Management*, *43*, 289-293. https://doi.org/10.1016/j.jhtm.2020.01.014

Chrome. (2023). *Tab save - Chrome web store*. https://chromewebstore.google.com/detail/tab-save/lkngoeaeclaebmpkgapchgjdbaekacki

Chu, S. C., & Kim, Y. (2011). Determinants of consumer engagement in electronic Word-Of-Mouth (eWOM) in social networking sites. *International Journal of Advertising*, *30*(1), 47-75. https://doi.org/10.2501/IJA-30-1-047-075

Chuang, C.-M. (2023). The conceptualization of smart tourism service platforms on tourist value co-creation behaviours: an integrative perspective of smart tourism services. *Humanities and Social Sciences Communications*, *10*(1), 1-16. https://doi.org/10.1057/s41599-023-01867-9

Coelho, M. de F., Gosling, M. de S., & Araújo-de-Almeida, A. S. (2018). Tourism experiences: Core processes of memorable trips. *Journal of Hospitality and Tourism Management*, *37*, 11-22. https://doi.org/10.1016/j.jhtm.2018.08.004

Collins, D., & Tisdell, C. (2002). Gender and differences in travel life cycles. *Journal of Travel Research*, *41*(2), 133-143. https://doi.org/10.1177/004728702237413

Contreras-Contreras, P., Cuesta-Valiño, P., & Gutiérrez-Rodríguez, P. (2023). Happiness and its relationship to expectations of change and sustainable behavior in a post-COVID-19 world. *Journal of Management Developmen*, *42*(6), 458-482. https://doi.org/10.1108/JMD-04-2023-0107

Costa-Feito, A., González-Fernández, A. M., Rodríguez-Santos, C., & Cervantes-Blanco, M. (2023). Electroencephalography in consumer behaviour and marketing: a science mapping approach. *Humanities and Social Sciences Communications*, *10*(1), 1-13. https://doi.org/10.1057/s41599-023-01991-6

Cuesta-Valiño, P., Gutiérrez-Rodríguez, P., Sierra-Fernández, M.-P., & Aguirre García, M.-B. (2021). Measuring a multidimensional green brand equity: A tool for entrepreneurship development. *British Food Journal*, *123*(10), 3326-3343. https://doi.org/10.1108/BFJ-07-2020-0639

Cuesta-Valiño, Pedro, Gutiérrez-Rodríguez, P., Núnez-Barriopedro, E., & García-Henche, B. (2023). Strategic orientation towards digitization to improve supermarket loyalty in an omnichannel context. *Journal of Business Research, 156*, 113475. https://doi.org/10.1016/j.jbusres.2022.113475

Cuesta-Valiño, Pedro, Kazakov, S., Gutiérrez-Rodríguez, P., & Rua, O. L. (2023). The effects of the aesthetics and composition of hotels' digital photo images on online booking decisions. *Humanities and Social Sciences Communications, 10*(1), 1-11. https://doi.org/10.1057/s41599-023-01529-w

Cuesta-Valiño, Pedro, Rodríguez, P. G., & Núñez-Barriopedro, E. (2020). Perception of advertisements for healthy food on social media: Effect of attitude on consumers' response. *International Journal of Environmental Research and Public Health, 17*(18), 1-20. https://doi.org/10.3390/ijerph17186463

Cuesta-Valiño, P., Gutiérrez-Rodríguez, P., & Durán-Álamo, P. (2022). Why do people return to video platforms? Millennials and centennials on TikTok. *Media and Communication, 10*(1), 198-207. https://doi.org/10.17645/mac.v10i1.4737

DataReportal. (2022). *Digital 2022: Global overview report*. https://datareportal.com/reports/digital-2022-global-overview-report

DataReportal. (2023). *Instagram statistics and trends*. https://datareportal.com/essential-instagram-stats

De Veirman, M., Cauberghe, V., & Hudders, L. (2017). Marketing through instagram influencers: The impact of number of followers and product divergence on brand attitude. *International Journal of Advertising, 36*(5), 798-828. https://doi.org/10.1080/02650487.2017.1348035

de Vries, L., Peluso, A. M., Romani, S., Leeflang, P. S. H., & Marcati, A. (2017). Explaining consumer brand-related activities on social media: An investigation of the different roles of self-expression and socializing motivations. *Computers in Human Behavior, 75*, 272-282. https://doi.org/10.1016/j.chb.2017.05.016

Deng, N., & Liu, J. (2021). Where did you take those photos? Tourists' preference clustering based on facial and background recognition. *Journal of Destination Marketing and Management, 21*, 100632. https://doi.org/10.1016/j.jdmm.2021.100632

Deng, Z., Benckendorff, P., & Wang, J. (2022). From interaction to relationship: Rethinking parasocial phenomena in travel live streaming. *Tourism Management, 93*, 104583. https://doi.org/10.1016/j.tourman.2022.104583

Dickinson, J. E., Filimonau, V., Hibbert, J. F., Cherrett, T., Davies, N., Norgate, S., Speed, C., & Winstanley, C. (2017). Tourism communities and social ties: The role of online and offline tourist social networks in building social capital and sustainable practice. *Journal of Sustainable Tourism*, *25*(2), 163-180. https://doi.org/10.1080/09669582.2016.1182538

Dijkmans, C., Kerkhof, P., & Beukeboom, C. J. (2015). A stage to engage: Social media use and corporate reputation. *Tourism Management*, *47*, 58-67. https://doi.org/10.1016/j.tourman.2014.09.005

Dinhopl, A., & Gretzel, U. (2016). Selfie-taking as touristic looking. *Annals of Tourism Research*, *57*, 126-139. https://doi.org/10.1016/j.annals.2015.12.015

Djafarova, E., & Rushworth, C. (2017). Exploring the credibility of online celebrities' Instagram profiles in influencing the purchase decisions of young female users. *Computers in Human Behavior*, *68*, 1-7. https://doi.org/10.1016/j.chb.2016.11.009

Femenia-Serra, F., & Gretzel, U. (2020). Influencer marketing for tourism destinations: Lessons from a mature destination. In J. Neidhardt & W. Wörndl (Eds.), *Information and Communication Technologies in Tourism 2020*. Springer, Cham. https://doi.org/10.1007/978-3-030-36737-4_6

Femenia-Serra, Francisco, Gretzel, U., & Alzua-Sorzabal, A. (2022). Instagram travel influencers in #quarantine: Communicative practices and roles during COVID-19. *Tourism Management*, *89*, 104454. https://doi.org/10.1016/j.tourman.2021.104454

Feng, W., Yu, I. Y., Yang, M. X., & Yi, M. (2021). How being envied shapes tourists' relationships with luxury brands: A dual-mediation model. *Tourism Management*, *86*, 104344. https://doi.org/10.1016/j.tourman.2021.104344

Ferretti, F., Adornetti, I., & Chiera, A. (2022). Narrative pantomime: A proto-language for persuasive communication. *Lingua*, *271*, 103247. https://doi.org/10.1016/j.lingua.2022.103247

Filieri, R., Yen, D. A., & Yu, Q. (2021). #ILoveLondon: An exploration of the declaration of love towards a destination on Instagram. *Tourism Management*, *85*, 104291. https://doi.org/10.1016/j.tourman.2021.104291

Fodness, D. (1994). Measuring tourist motivation. *Annals of Tourism Research*, *21*(3), 555-581. https://doi.org/10.1016/0160-7383(94)90120-1

Freberg, K., Graham, K., McGaughey, K., & Freberg, L. A. (2011). Who are the social media influencers? A study of public perceptions of personality. *Public Relations Review*, *37*(1), 90-92. https://doi.org/10.1016/j.pubrev.2010.11.001

Gafter, L. M., & Tchetchik, A. (2017). The role of social ties and communication technologies in visiting friends tourism- A GMM simultaneous equations approach. *Tourism Management*, *61*, 343-353. https://doi.org/10.1016/j.tourman.2017.02.024

Gao, J., & Kerstetter, D. L. (2018). From sad to happy to happier: Emotion regulation strategies used during a vacation. *Annals of Tourism Research*, *69*, 1-14. https://doi.org/10.1016/j.annals.2017.12.004

Garay, L. (2019). #Visitspain. Breaking down affective and cognitive attributes in the social media construction of the tourist destination image. *Tourism Management Perspectives*, *32*, 100560. https://doi.org/10.1016/j.tmp.2019.100560

Gartner, W. C. (1994). Image formation process. *Journal of Travel & Tourism Marketing*, *2*(2-3), 191-216. https://doi.org/10.1300/J073v02n02_12

Ge, J., & Gretzel, U. (2018a). A taxonomy of value co-creation on Weibo - A communication perspective. *International Journal of Contemporary Hospitality Management*, *30*(4), 2075-2092. https://doi.org/10.1108/IJCHM-09-2016-0557

Ge, J., & Gretzel, U. (2018b). Emoji rhetoric: A social media influencer perspective. *Journal of Marketing Management*, *34*(15-16), 1272-1295. https://doi.org/10.1080/0267257X.2018.1483960

Ghadban, S., Kamar, R., & Haidar, R. (2023). Decoding international Solo women travelers' experience: A qualitative analysis of user-generated videos. *Journal of Outdoor Recreation and Tourism*, *44*(Part A), 100648. https://doi.org/10.1016/j.jort.2023.100648

Gholamhosseinzadeh, M. S. (2023). Theorizing vloggers' approaches and practices in travel vlog production through grounded theory. *Journal of Hospitality Marketing & Management*, *32*(2), 196-223. https://doi.org/10.1080/19368623.2023.2164392

Ghouse, S. M., Duffett, R. G., & Chaudhary, M. (2022). How Twitter advertising influences the purchase intentions and purchase attitudes of Indian millennial consumers? *International Journal of Internet Marketing and Advertising*, *16*(1/2), 142-164. https://doi.org/10.1504/IJIMA.2022.120973

Glover, P. (2009). Celebrity endorsement in tourism advertising: Effects on destination image. *Journal of Hospitality and Tourism Management*, *16*(1), 16-23. https://doi.org/10.1375/jhtm.16.1.16

Gomez, R., Gomez, L., Gibert, J., & Karatzas, D. (2019). Learning from #barcelona instagram data what locals and tourists post about its neighbourhoods. In L. Leal-Taixé & S. Roth (Eds.), *Computer Vision - ECCV 2018 Workshops. ECCV 2018. Lecture Notes in Computer Science: Vol. 11134 LNCS* (pp. 530-544). Springer, Cham. https://doi.org/10.1007/978-3-030-11024-6_41

Gon, M. (2021). Local experiences on Instagram: Social media data as source of evidence for experience design. *Journal of Destination Marketing and Management*, *19*, 100435. https://doi.org/10.1016/j.jdmm.2020.100435

Granovetter, M. (1973). The strength of weak ties. *American Journal of Sociology*, *78*(6), 1360-1380.

Gretzel, U. (2017). Influencer marketing in travel and tourism. In M. Sigala & U. Gretzel (Eds.), *Advances in social media for travel, tourism and hospitality: New perspectives, practice and cases* (pp. 147-156). Routledge.

Gunter, U., & Önder, I. (2021). An exploratory analysis of geotagged photos from Instagram for residents of and visitors to Vienna. *Journal of Hospitality and Tourism Research*, *45*(2), 373-398. https://doi.org/10.1177/1096348020963689

Gutiérrez-Rodríguez, P., Cuesta-Valiño, P., Ravina-Ripoll, R., & García-Henche, B. (2024). Purchase intention of fashion brand retailers: a journey through consumer engagement and happiness. *Management Decision*, *62*(2), 381-402. https://doi.org/10.1108/MD-04-2023-0541

Gutiérrez-Rodríguez, P., Cuesta-Valiño, P., & Vázquez-Burguete, J. L. (2017). The effects of corporate social responsibility on customer-based brand equity: Spanish hypermarket case. *Economic Research-Ekonomska Istrazivanja*, *30*(1), 290-301. https://doi.org/10.1080/1331677X.2017.1305797

Han, H., Kiatkawsin, K., Kim, W., & Lee, S. (2017). Investigating customer loyalty formation for wellness spa: Individualism vs. collectivism. *International Journal of Hospitality Management*, *67*, 11-23. https://doi.org/10.1016/j.ijhm.2017.07.007

Han, H., Kim, W., & Hyun, S. S. (2011). Switching intention model development: Role of service performances, customer satisfaction, and switching barriers in the hotel industry. *International Journal of Hospitality Management*, *30*(3), 619-629. https://doi.org/10.1016/j.ijhm.2010.11.006

Hansen, L. K., Arvidsson, A., Nielsen, F. A., Colleoni, E., & Etter, M. (2011). Good friends, bad news - Affect and virality in Twitter. In J. J. Park, L. T. Yang, & C. Lee (Eds.), *Communications in Computer and Information Science* (pp. 34-43). Springer, Berlin, Heidelberg. https://doi.org/10.1007/978-3-642-22309-9_5

Hauer, T. (2022). Importance and limitations of AI ethics in contemporary society. *Humanities and Social Sciences Communications*, *9*(1), 1-8. https://doi.org/10.1057/s41599-022-01300-7

Hauser, D., Leopold, A., Egger, R., Ganewita, H., & Herrgessell, L. (2022). Aesthetic perception analysis of destination pictures using #beautifuldestinations on Instagram. *Journal of Destination Marketing and Management*, *24*, 100702. https://doi.org/10.1016/j.jdmm.2022.100702

Hayes, R. A., & Carr, C. T. (2015). Does being social matter? Effects of enabled commenting on credibility and brand attitude in social media. *Journal of Promotion Management, 21(3), 371-390. https://doi.org/10.1080/10496491.2015.1039178

Heimtun, B., & Jordan, F. (2011). 'Wish YOU weren't here!': Interpersonal conflicts and the touristic experiences of norwegian and british women travelling with friends. Tourist Studies, 11(3), 271-290. https://doi.org/10.1177/1468797611431504

Heller, J., Chylinski, M., de Ruyter, K., Mahr, D., & Keeling, D. I. (2019). Let me imagine that for you: transforming the retail frontline through augmenting customer mental imagery ability. Journal of Retailing, 95(2), 94-114. https://doi.org/10.1016/j.jretai.2019.03.005

Hemmatian, F., & Sohrabi, M. K. (2019). A survey on classification techniques for opinion mining and sentiment analysis. Artificial Intelligence Review, 52(3), 1495-1545. https://doi.org/10.1007/s10462-017-9599-6

Hofstede, G. (1984). Cultural dimensions in management and planning. Asia Pacific Journal of Management, 1, 81-99. https://doi.org/https://doi.org/10.1007/BF01733682

Holbrook, M. B., & Hirschman, E. C. (1982). The experiential aspects of consumption: Consumer fantasies, feelings, and fun. Journal of Consumer Research, 9(2), 132-140. https://doi.org/https://doi.org/10.1086/208906

Hou, L., & Pan, X. (2023). Aesthetics of hotel photos and its impact on consumer engagement: A computer vision approach. Tourism Management, 94, 104653. https://doi.org/10.1016/j.tourman.2022.104653

Huai, S., Chen, F., Liu, S., Canters, F., & Van de Voorde, T. (2022). Using social media photos and computer vision to assess cultural ecosystem services and landscape features in urban parks. Ecosystem Services, 57, 101475. https://doi.org/10.1016/j.ecoser.2022.101475

Huang, K., Pearce, P. L., Wu, M. Y., & Wang, X. Z. (2019). Tourists and Buddhist heritage sites: An integrative analysis of visitors' experience and happiness through positive psychology constructs. Tourist Studies, 19(4), 549-568. https://doi.org/10.1177/1468797619850107

IBM. (2022). GLM Univariate Analysis. https://www.ibm.com/docs/en/spss-statistics/saas?topic=features-glm-univariate-analysis

IBM. (2023). What is linear regression? https://www.ibm.com/topics/linear-regression?mhsrc=ibmsearch_a&mhq=linear regression

Ingrassia, M., Bellia, C., Giurdanella, C., Columba, P., & Chironi, S. (2022). Digital influencers, food and tourism—A new model of open innovation for businesses in the Ho.Re.Ca. sector. Journal of Open Innovation: Technology, Market, and Complexity, 8(1), 50. https://doi.org/10.3390/joitmc8010050

Instagram. (2023a). *#ad.* https://www.instagram.com/explore/tags/ad/

Instagram. (2023b). *#travel.* https://www.instagram.com/explore/tags/travel/

Instagram. (2023c). *Instagram locations.* https://www.instagram.com/explore/locations/

Instagram. (2023d). *León Cathedral.* https://www.instagram.com/explore/locations/246044943/catedral-de-leon/

Jin, H., Moscardo, G., & Murphy, L. (2020). Exploring chinese outbound tourist shopping: A social practice framework. *Journal of Travel Research, 59*(1), 156-172. https://doi.org/10.1177/0047287519826303

Jin, S. A. A., & Phua, J. (2014). Following celebrities' tweets about brands: The impact of Twitter-based electronic word-of-mouth on consumers source credibility perception, buying intention, and social identification with celebrities. *Journal of Advertising, 43*(2), 181-195. https://doi.org/10.1080/00913367.2013.827606

Jin, Y., & Liu, B. F. (2010). The blog-mediated crisis communication model: Recommendations for responding to influential external blogs. *Journal of Public Relations Research, 22*(4), 429-455. https://doi.org/10.1080/10627261003801420

Johnson, T. J., & Kaye, B. K. (2015). Reasons to believe: Influence of credibility on motivations for using social networks. *Computers in Human Behavior, 50*, 544-555. https://doi.org/10.1016/j.chb.2015.04.002

Junek, O., Binney, W., & Winn, S. (2006). All-female travel: What do women really want? *Tourism, 54*(1), 53-62.

Kalliatakis, G. (2020). *Keras | VGG16 Places365 - VGG16 CNN models pretrained on Places365-Standard for scene classification.* https://github.com/GKalliatakis/Keras-VGG16-places365

Kapoor, P. S., Balaji, M. S., Jiang, Y., & Jebarajakirthy, C. (2022). Effectiveness of travel social media influencers: A case of eco-friendly hotels. *Journal of Travel Research, 61*(5), 1138-1155. https://doi.org/10.1177/00472875211019469

Karayiğit, H., İnan Acı, Ç., & Akdağlı, A. (2021). Detecting abusive Instagram comments in Turkish using convolutional neural network and machine learning methods. *Expert Systems with Applications, 174*, 114802. https://doi.org/10.1016/j.eswa.2021.114802

Keerakiatwong, N., Taecharungroj, V., & Döpping, J. (2023). Why do people post Instagram stories? *International Journal of Internet Marketing and Advertising, 18*(4), 410-428. https://doi.org/10.1504/IJIMA.2023.131263

Khalilzadeh, J., Pizam, A., Fyall, A., Tasci, A. D. A., & Hancock, P. A. (2023). Destination imagination: Development of the octomodal mental imagery (OMI) scale. *Tourism Management Perspectives*, *45*, 101051. https://doi.org/10.1016/j.tmp.2022.101051

Khamis, S., Ang, L., & Welling, R. (2017). Self-branding, 'micro-celebrity' and the rise of Social Media Influencers. *Celebrity Studies*, *8*(2), 191-208. https://doi.org/10.1080/19392397.2016.1218292

Khan, I., & Fatma, M. (2021). Online destination brand experience and authenticity: Does individualism-collectivism orientation matter? *Journal of Destination Marketing and Management*, *20*, 100597. https://doi.org/10.1016/j.jdmm.2021.100597

Khan, N. U., Wan, W., & Yu, S. (2020). Spatiotemporal analysis of tourists and residents in shanghai based on location-based social network's data from Weibo. *ISPRS International Journal of Geo-Information*, *9*(2), 70. https://doi.org/https://doi.org/10.3390/ijgi9020070

Kim, H., & Stepchenkova, S. (2015). Effect of tourist photographs on attitudes towards destination: Manifest and latent content. *Tourism Management*, *49*, 29-41. https://doi.org/10.1016/j.tourman.2015.02.004

Kim, J. H., Guo, J., & Wang, Y. (2022). Tourists' negative emotions: Antecedents and consequences. *Current Issues in Tourism*, *25*(12), 1987-2005. https://doi.org/10.1080/13683500.2021.1935793

Kim, Y., & Kim, J. H. (2018). Using computer vision techniques on Instagram to link users' personalities and genders to the features of their photos: An exploratory study. *Information Processing and Management*, *54*(6), 1101-1114. https://doi.org/10.1016/j.ipm.2018.07.005

Kılıç, İ., Seçilmiş, C., & Özdemir, C. (2023). The role of travel influencers in volunteer tourism: An application of the cognitive response theory. *Current Issues in Tourism*, *27*(2), 200-216. https://doi.org/10.1080/13683500.2023.2174087

Kladou, S., & Mavragani, E. (2015). Assessing destination image: An online marketing approach and the case of TripAdvisor. *Journal of Destination Marketing and Management*, *4*(3), 187-193. https://doi.org/10.1016/j.jdmm.2015.04.003

Lai, L. S. L., & To, W. M. (2015). Content analysis of social media: A grounded theory approach. *Journal of Electronic Commerce Research*, *16*(2), 138-152.

Le, L. H., & Hancer, M. (2021). Using social learning theory in examining YouTube viewers' desire to imitate travel vloggers. *Journal of Hospitality and Tourism Technology*, *12*(3), 512-532. https://doi.org/10.1108/JHTT-08-2020-0200

Lee, A., & Kim, M. G. (2020). Effective electronic menu presentation: From the cognitive style and mental imagery perspectives. *International Journal of Hospitality Management*, *87*, 102377. https://doi.org/10.1016/j.ijhm.2019.102377

Lee, W., & Gretzel, U. (2012). Designing persuasive destination websites: A mental imagery processing perspective. *Tourism Management*, *33*(5), 1270-1280. https://doi.org/10.1016/j.tourman.2011.10.012

Leung, D. (2021). Unraveling the interplay of review depth, review breadth, and review language style on review usefulness and review adoption. *International Journal of Hospitality Management*, *97*, 102989. https://doi.org/10.1016/j.ijhm.2021.102989

Leung, F. F., Gu, F. F., Li, Y., Zhang, J. Z., & Palmatier, R. W. (2022). Influencer marketing effectiveness. *Journal of Marketing*, *86*(6), 93-115. https://doi.org/https://doi.org/10.1177/00222429221102889

Li, H., Zhang, L., & Hsu, C. H. C. (2023). Research on user-generated photos in tourism and hospitality: A systematic review and way forward. *Tourism Management*, *96*, 104714. https://doi.org/10.1016/j.tourman.2022.104714

Li, L., Xu, J., & Kumar, U. (2023). Consumers purchase intention in consumer-to-consumer online transaction: The case of Daigou. *Transnational Corporations Review*, *15*(3), 15-31. https://doi.org/10.1080/19186444.2022.2077059

Li, X., Lai, C., Harrill, R., Kline, S., & Wang, L. (2011). When east meets west: An exploratory study on Chinese outbound tourists' travel expectations. *Tourism Management*, *32*(4), 741-749. https://doi.org/10.1016/j.tourman.2010.06.009

Li, Y. (William), & Wan, L. C. (2025). Inspiring tourists' imagination: How and when human presence in photographs enhances travel mental simulation and destination attractiveness. *Tourism Management*, *106*, 104969. https://doi.org/10.1016/j.tourman.2024.104969

Li, Y., & Xie, Y. (2020). Is a picture worth a thousand words? An empirical study of image content and social media engagement. *Journal of Marketing Research*, *57*(1), 1-19. https://doi.org/10.1177/0022243719881113

Lin, C. A., & Xu, X. (2017). Effectiveness of online consumer reviews: The influence of valence, reviewer ethnicity, social distance and source trustworthiness. *Internet Research*, *27*(2), 362-380. https://doi.org/10.1108/IntR-01-2016-0017

Lin, R., & Utz, S. (2015). The emotional responses of browsing Facebook: Happiness, envy, and the role of tie strength. *Computers in Human Behavior*, *52*, 29-38. https://doi.org/10.1016/j.chb.2015.04.064

Lin, Z., Chen, Y., & Filieri, R. (2017). Resident-tourist value co-creation: The role of residents' perceived tourism impacts and life satisfaction. *Tourism Management*, *61*, 436-442. https://doi.org/10.1016/j.tourman.2017.02.013

Lo, I. S., & McKercher, B. (2015). Ideal image in process: Online tourist photography and impression management. *Annals of Tourism Research*, *52*, 104-116. https://doi.org/10.1016/j.annals.2015.02.019

Lou, C., & Yuan, S. (2019). Influencer marketing: How message value and credibility affect consumer trust of branded content on social media. *Journal of Interactive Advertising*, *19*(1), 58-73. https://doi.org/10.1080/15252019.2018.1533501

Lugosi, P., & Walls, A. R. (2013). Researching destination experiences: Themes, perspectives and challenges. *Journal of Destination Marketing & Management*, *2*(2), 51-58. https://doi.org/10.1016/j.jdmm.2013.07.001

Lund, N. F., Cohen, S. A., & Scarles, C. (2018). The power of social media storytelling in destination branding. *Journal of Destination Marketing and Management*, *8*, 271-280. https://doi.org/10.1016/j.jdmm.2017.05.003

Luo, Q., & Zhong, D. (2015). Using social network analysis to explain communication characteristics of travel-related electronic word-of-mouth on social networking sites. *Tourism Management*, *46*, 274-282. https://doi.org/10.1016/j.tourman.2014.07.007

MacInnis, D. J., & Price, L. L. (1987). The role of imagery in information processing: Review and extensions. *Journal of Consumer Research*, *13*(4), 473-491. https://doi.org/https://doi.org/10.1086/209082

Magno, F., & Cassia, F. (2018). The impact of social media influencers in tourism. *Anatolia*, *29*(2), 288-290. https://doi.org/10.1080/13032917.2018.1476981

Mak, A. H. N. (2017). Online destination image: Comparing national tourism organisation's and tourists' perspectives. *Tourism Management*, *60*, 280-297. https://doi.org/10.1016/j.tourman.2016.12.012

Manthiou, A., Ulrich, I., & Kuppelwieser, V. (2024). The travel influencer construct: An empirical exploration and validation. *Tourism Management*, *101*, 104858. https://doi.org/10.1016/j.tourman.2023.104858

March, E., & McBean, T. (2018). New evidence shows self-esteem moderates the relationship between narcissism and selfies. *Personality and Individual Differences*, *130*, 107-111. https://doi.org/10.1016/j.paid.2018.03.053

Mariani, M., Di Felice, M., & Mura, M. (2016). Facebook as a destination marketing tool: Evidence from Italian regional Destination Management Organizations. *Tourism Management, 54*, 321-343. https://doi.org/10.1016/j.tourman.2015.12.008

Mariani, M. M., Borghi, M., & Laker, B. (2023). Do submission devices influence online review ratings differently across different types of platforms? A big data analysis. *Technological Forecasting and Social Change, 189*, 122296. https://doi.org/10.1016/j.techfore.2022.122296

Mariani, M. M., Ek Styven, M., & Nataraajan, R. (2021). Social comparison orientation and frequency: A study on international travel bloggers. *Journal of Business Research, 123*, 232-240. https://doi.org/10.1016/j.jbusres.2020.09.070

Mehrabian, A., & Russell, J. A. (1974). *An approach to environmental psychology.* The MIT Press.

Mele, E., Filieri, R., & De Carlo, M. (2023). Pictures of a crisis. Destination marketing organizations' Instagram communication before and during a global health crisis. *Journal of Business Research, 163*, 113931. https://doi.org/10.1016/j.jbusres.2023.113931

Mesch, G. S., & Manor, O. (1998). Social ties, environmental perception, and local attachment. *Environment and Behavior, 30*(4), 504-519. https://doi.org/10.1177/001391659803000405

Mikáčová, L., & Gavlaková, P. (2014). The role of public relations in branding. *Procedia - Social and Behavioral Sciences, 110*, 832-840. https://doi.org/10.1016/j.sbspro.2013.12.928

Miller, D. W., & Stoica, M. (2004). Comparing the effects of a photograph versus artistic renditions of a beach scene in a direct-response print ad for a Caribbean resort island: A mental imagery perspective. *Journal of Vacation Marketing, 10*(1), 11-21. https://doi.org/10.1177/135676670301000102

Molinillo, S., Anaya-Sánchez, R., Morrison, A. M., & Coca-Stefaniak, J. A. (2019). Smart city communication via social media: Analysing residents' and visitors' engagement. *Cities, 94*, 247-255. https://doi.org/10.1016/j.cities.2019.06.003

Munar, A. M., & Jacobsen, J. K. S. (2014). Motivations for sharing tourism experiences through social media. *Tourism Management, 43*, 46-54. https://doi.org/10.1016/j.tourman.2014.01.012

Nigmatullina, K., & Rodossky, N. (2022). Social media engagement anxiety: Triggers in news agenda. In G. Meiselwitz (Ed.), *Social Computing and Social Media: Design, User Experience and Impact. HCII 2022. Lecture Notes in Computer Science* (pp. 345-357). Springer, Cham. https://doi.org/10.1007/978-3-031-05061-9_25

NLTK. (2023). *SentimentAnalyzer.* https://www.nltk.org/api/nltk.sentiment.sentiment_analyzer.html

Núñez-Barriopedro, E., Cuesta-Valiño, P., Gutiérrez-Rodríguez, P., & Ravina-Ripoll, R. (2021). How does happiness influence the loyalty of karate athletes? A model of structural equations from the constructs: Consumer satisfaction, engagement, and meaningful. *Frontiers in Psychology*, *12*, 653034. https://doi.org/10.3389/fpsyg.2021.653034

Oh, H., Fiore, A. M., & Jeoung, M. (2007). Measuring experience economy concepts: Tourism applications. *Journal of Travel Research*, *46*(2), 119-132. https://doi.org/10.1177/0047287507304039

Oliveira, E., & Panyik, E. (2015). Content, context and co-creation: Digital challenges in destination branding with references to Portugal as a tourist destination. *Journal of Vacation Marketing*, *21*(1), 53-74. https://doi.org/10.1177/1356766714544235

Ong, Y. X., & Ito, N. (2019). I want to go there too!" Evaluating social media influencer marketing effectiveness: A case study of Hokkaido's DMO. In J. Pesonen & J. Neidhardt (Eds.), *Information and Communication Technologies in Tourism 2019*. Springer, Cham. https://doi.org/10.1007/978-3-030-05940-8_11

Onyx, J., & Small, J. (2002). Memory-work: The method. *Qualitative Inquiry*, *7*(6), 24-38. https://doi.org/https://doi.org/10.1177/107780040100700608

Pachni-Tsitiridou, O., & Fouskas, K. (2023). Harvesting the power of location data to improve customers' experience and destination attractiveness. *International Journal of Internet Marketing and Advertising*, *18*(4), 359-388. https://doi.org/10.1504/IJIMA.2023.131259

Palazzo, M., Vollero, A., Vitale, P., & Siano, A. (2021). Urban and rural destinations on Instagram: Exploring the influencers' role in #sustainabletourism. *Land Use Policy*, *100*, 104915. https://doi.org/10.1016/j.landusepol.2020.104915

Pan, S., Lee, J., & Tsai, H. (2014). Travel photos: Motivations, image dimensions, and affective qualities of places. *Tourism Management*, *40*, 59-69. https://doi.org/10.1016/j.tourman.2013.05.007

Pang, A., Yingzhi Tan, E., Song-Qi Lim, R., Yue-Ming Kwan, T., & Bhardwaj Lakhanpal, P. (2016). Building effective relations with social media influencers in Singapore. *Media Asia*, *43*(1), 56-68. https://doi.org/10.1080/01296611 2.2016.1177962

Paül i Agustí, D. (2018). Characterizing the location of tourist images in cities. Differences in user-generated images (Instagram), official tourist brochures and travel guides. *Annals of Tourism Research*, *73*, 103-115. https://doi.org/10.1016/j.annals.2018.09.001

Paül i Agustí, D. (2021). The clustering of city images on Instagram: A comparison between projected and perceived images. *Journal of Destination Marketing and Management*, *20*, 100608. https://doi.org/10.1016/j.jdmm.2021.100608

Pearson, J., Naselaris, T., Holmes, E. A., & Kosslyn, S. M. (2015). Mental imagery: Functional mechanisms and clinical applications. *Trends in Cognitive Sciences*, *19*(10), 590-602. https://doi.org/10.1016/j.tics.2015.08.003

Peetz, M. H., De Rijke, M., & Kaptein, R. (2016). Estimating reputation polarity on microblog posts. *Information Processing and Management*, *52*(2), 193-216. https://doi.org/10.1016/j.ipm.2015.07.003

Phantom Buster. (2023). *Phantom buster*. https://phantombuster.com/

Picazo, P., & Moreno-Gil, S. (2019). Analysis of the projected image of tourism destinations on photographs: A literature review to prepare for the future. *Journal of Vacation Marketing*, *25*(1), 3-24. https://doi.org/10.1177/1356766717736350

Pike, S., & Page, S. J. (2014). Destination Marketing Organizations and destination marketing: Anarrative analysis of the literature. *Tourism Management*, *41*, 202-227. https://doi.org/10.1016/j.tourman.2013.09.009

Pino, G., Peluso, A. M., Del Vecchio, P., Ndou, V., Passiante, G., & Guido, G. (2019). A methodological framework to assess social media strategies of event and destination management organizations. *Journal of Hospitality Marketing and Management*, *28*(2), 189-216. https://doi.org/10.1080/19368623.2018.15 16590

Pop, R. A., Săplăcan, Z., Dabija, D. C., & Alt, M. A. (2022). The impact of social media influencers on travel decisions: The role of trust in consumer decision journey. *Current Issues in Tourism*, *25*(5), 823-843. https://doi.org/10.1080/1 3683500.2021.1895729

Pradhan, D., Moharana, T. R., & Malik, G. (2023). Influence of celebrity, destination and tourist personality on destination attachment and revisit intention: Moderating roles of endorsement embeddedness, destination crowding and gender. *Journal of Destination Marketing and Management*, *27*, 100754. https://doi.org/10.1016/j.jdmm.2022.100754

Priporas, C. V., Stylos, N., & Kamenidou, I. (Eirini). (2020). City image, city brand personality and generation Z residents' life satisfaction under economic crisis: Predictors of city-related social media engagement. *Journal of Business Research*, *119*, 453-463. https://doi.org/10.1016/j.jbusres.2019.05.019

Qazi, A., Shah Syed, K. B., Raj, R. G., Cambria, E., Tahir, M., & Alghazzawi, D. (2016). A concept-level approach to the analysis of online review helpfulness. *Computers in Human Behavior*, *58*, 75-81. https://doi.org/10.1016/j.chb.2015.12.028

Reif, J., & Schmücker, D. (2020). Exploring new ways of visitor tracking using big data sources: Opportunities and limits of passive mobile data for tourism. *Journal of Destination Marketing and Management, 18*, 100481. https://doi.org/10.1016/j.jdmm.2020.100481

Reitsamer, B. F., & Brunner-Sperdin, A. (2017). Tourist destination perception and well-being: What makes a destination attractive? *Journal of Vacation Marketing, 23*(1), 55-72. https://doi.org/10.1177/1356766715615914

Renton, M., & Simmonds, H. (2017). Like is a verb: Exploring tie strength and casual brand use effects on brand attitudes and consumer online goal achievement. *Journal of Product and Brand Management, 26*(4), 365-374. https://doi.org/10.1108/JPBM-03-2016-1125

Richards, G. (2018). Cultural tourism: A review of recent research and trends. *Journal of Hospitality and Tourism Management, 36*, 12-21. https://doi.org/10.1016/j.jhtm.2018.03.005

Roma, P., & Aloini, D. (2019). How does brand-related user-generated content differ across social media? Evidence reloaded. *Journal of Business Research, 96*, 322-339. https://doi.org/10.1016/j.jbusres.2018.11.055

Sarkar, S. K., & George, B. (2018). Social media technologies in the tourism industry: An analysis with special reference to their role in sustainable tourism development. *International Journal of Tourism Sciences, 18*(4), 269-278. https://doi.org/10.1080/15980634.2018.1551312

Schifferstein, H. N. J. (2009). Comparing mental imagery across the sensory modalities. *Imagination, Cognition and Personality, 28*(4), 371-388. https://doi.org/10.2190/ic.28.4.g

Schramm, W., & Roberts, D. F. (1954). How communication works. In W. Schram (Ed.), *The Process and Effects of Mass* (p. 586). University of Illinois Press.

Serengil, S. I. (2023). *DeepFace*. https://github.com/serengil/deepface

Smith, A. N., Fischer, E., & Yongjian, C. (2012). How does brand-related user-generated content differ across YouTube, Facebook, and Twitter? *Journal of Interactive Marketing, 26*(2), 102-113. https://doi.org/10.1016/j.intmar.2012.01.002

Smykovskyi, A., Bieńkiewicz, M. M. N., Pla, S., Janaqi, S., & Bardy, B. G. (2022). Positive emotions foster spontaneous synchronisation in a group movement improvisation task. *Frontiers in Human Neuroscience, 16*, 1-14. https://doi.org/10.3389/fnhum.2022.944241

Steffes, E. M., & Burgee, L. E. (2009). Social ties and online word of mouth. *Internet Research, 19*(1), 42-59. https://doi.org/10.1108/10662240910927812

Steinert, S. (2021). Corona and value change. The role of social media and emotional contagion. *Ethics and Information Technology*, *23*(s1), 59-68. https://doi.org/10.1007/s10676-020-09545-z

Stidsen, B. (1975). Market segmentation, advertising and the concept of communication systems. *Journal of the Academy of Marketing Science*, *3*(1), 69-84. https://doi.org/10.1007/BF02729959

Stoldt, R., Wellman, M., Ekdale, B., & Tully, M. (2019). Professionalizing and profiting: The rise of intermediaries in the social media influencer industry. *Social Media and Society*, *5*(1). https://doi.org/10.1177/2056305119832587

Storey, D. (2018). Territory and territoriality. In A. Paasi, J. Harrison, & M. Jones (Eds.), *Handbook on the Geographies of Regions and Territories* (pp. 34-43). Edward Elgar Publishing. https://doi.org/10.4337/9781785365805.00011

Stremersch, S., Gonzalez, J., Valenti, A., & Villanueva, J. (2023). The value of context-specific studies for marketing. *Journal of the Academy of Marketing Science*, *51*(1), 50-65. https://doi.org/10.1007/s11747-022-00872-9

Su, L., Cheng, J., & Huang, Y. (2021). How do group size and group familiarity influence tourist satisfaction? The mediating role of perceived value. *Journal of Travel Research*, *60*(8), 1821-1840. https://doi.org/10.1177/0047287520966384

T.K., B., Annavarapu, C. S. R., & Bablani, A. (2021). Machine learning algorithms for social media analysis: A survey. *Computer Science Review*, *40*, 100395. https://doi.org/10.1016/j.cosrev.2021.100395

Tafesse, W., & Wood, B. P. (2021). Followers' engagement with instagram influencers: The role of influencers' content and engagement strategy. *Journal of Retailing and Consumer Services*, *58*, 102303. https://doi.org/10.1016/j.jretconser.2020.102303

Tamaki, S. (2021). Likes on image posts in social networking services: Impact of travel episode. *Journal of Destination Marketing and Management*, *20*, 100615. https://doi.org/10.1016/j.jdmm.2021.100615

Tan, C., Lee, L., & Pang, B. (2014). The effect of wording on message propagation: Topic- and author-controlled natural experiments on Twitter. *Proceedings of the 52nd Annual Meeting of the Association for Computational Linguistics*, *1*, 175-185. https://doi.org/10.3115/v1/p14-1017

Taylor, D. G. (2020). Putting the "self" in selfies: How narcissism, envy and self-promotion motivate sharing of travel photos through social media. *Journal of Travel and Tourism Marketing*, *37*(1), 64-77. https://doi.org/10.1080/10548408.2020.1711847

Tran, N. L., & Rudolf, W. (2022). Social media and destination branding in tourism: A systematic review of the literature. *Sustainability*, *14*(20). https://doi.org/10.3390/su142013528

Triandis, H. C. (2001). Individualism-collectivism and personality. *Journal of Personality*, *69*(6), 907-924. https://doi.org/10.1111/1467-6494.696169

Triantafillidou, A., & Petala, Z. (2016). The role of sea-based adventure experiences in tourists' satisfaction and behavioral intentions. *Journal of Travel and Tourism Marketing*, *33*(sup1), 67-87. https://doi.org/10.1080/10548408.2015.1008667

Tribe, J., & Mkono, M. (2017). Not such smart tourism? The concept of e-lienation. *Annals of Tourism Research*, *66*, 105-115. https://doi.org/10.1016/j.annals.2017.07.001

Tussyadiah, I. P., & Fesenmaier, D. R. (2009). Mediating tourist experiences. Access to places via shared videos. *Annals of Tourism Research*, *36*(1), 24-40. https://doi.org/10.1016/j.annals.2008.10.001

UNESCO. (2023). *Routes of Santiago de Compostela: Camino Francés and Routes of Northern Spain*. https://whc.unesco.org/en/list/669/lother=es

UNWTO. (2018). *Tourism and culture synergies*. https://doi.org/10.18111/9789284418978

UNWTO. (2023). *International tourism swiftly overcoming pandemic downturn*. https://www.unwto.org/news/international-tourism-swiftly-overcoming-pandemic-downturn

Uzunoğlu, E., & Misci Kip, S. (2014). Brand communication through digital influencers: Leveraging blogger engagement. *International Journal of Information Management*, *34*(5), 592-602. https://doi.org/10.1016/j.ijinfomgt.2014.04.007

Venciute, D., Mackeviciene, I., Kuslys, M., & Correia, R. F. (2023). The role of influencer-follower congruence in the relationship between influencer marketing and purchase behaviour. *Journal of Retailing and Consumer Services*, *75*, 103506. https://doi.org/10.1016/j.jretconser.2023.103506

Volo, S., & Irimiás, A. (2021). Instagram: Visual methods in tourism research. *Annals of Tourism Research*, *91*, 103098. https://doi.org/10.1016/j.annals.2020.103098

Walton, S. C., & Rice, R. E. (2013). Mediated disclosure on Twitter: The roles of gender and identity in boundary impermeability, valence, disclosure, and stage. *Computers in Human Behavior*, *29*(4), 1465-1474. https://doi.org/10.1016/j.chb.2013.01.033

Wang, R., Luo, J., & Huang, S. (Sam). (2020). Developing an artificial intelligence framework for online destination image photos identification. *Journal of Destination Marketing and Management*, *18*, 100512. https://doi.org/10.1016/j.jdmm.2020.100512

Wang, X., Yu, C., & Wei, Y. (2012). Social media peer communication and impacts on purchase intentions: A consumer socialization framework. *Journal of Interactive Marketing*, *26*(4), 198-208. https://doi.org/10.1016/j.intmar.2011.11.004

Wang, Z., Huang, W. J., & Liu-Lastres, B. (2022). Impact of user-generated travel posts on travel decisions: A comparative study on Weibo and Xiaohongshu. *Annals of Tourism Research Empirical Insights*, *3*, 100064. https://doi.org/10.1016/j.annale.2022.100064

Weiler, B., Gstaettner, A. M., & Scherrer, P. (2021). Selfies to die for: A review of research on self-photography associated with injury/death in tourism and recreation. *Tourism Management Perspectives*, *37*, 100778. https://doi.org/10.1016/j.tmp.2020.100778

Weiser, E. B. (2015). #Me: Narcissism and its facets as predictors of selfie-posting frequency. *Personality and Individual Differences*, *86*, 477-481. https://doi.org/10.1016/j.paid.2015.07.007

Wiedmann, K. P., Hennigs, N., & Langner, S. (2010). Spreading the word of fashion: Identifying social influencers in fashion marketing. *Journal of Global Fashion Marketing*, *1*(3), 142-153. https://doi.org/10.1080/20932685.2010.10593066

Wozniak, T., Stangl, B., Schegg, R., & Liebrich, A. (2017). The return on tourism organizations' social media investments: Preliminary evidence from Belgium, France, and Switzerland. *Information Technology and Tourism*, *17*(1), 75-100. https://doi.org/10.1007/s40558-017-0077-4

Xiang, Z., & Gretzel, U. (2010). Role of social media in online travel information search. *Tourism Management*, *31*(2), 179-188. https://doi.org/10.1016/j.tourman.2009.02.016

Xiao, M. (2023). Engaging in dialogues: The impact of comment valence and influencer-viewer interaction on the effectiveness of YouTube influencer marketing. *Journal of Interactive Advertising*, *23*(2), 166-186. https://doi.org/10.1080/15252019.2023.2167501

Xie-Carson, L., Magor, T., Benckendorff, P., & Hughes, K. (2023). All hype or the real deal? Investigating user engagement with virtual influencers in tourism. *Tourism Management*, *99*, 104779. https://doi.org/10.1016/j.tourman.2023.104779

Xu (Rinka), X., & Pratt, S. (2018). Social media influencers as endorsers to promote travel destinations: An application of self-congruence theory to the Chinese Generation Y. *Journal of Travel and Tourism Marketing, 35*(7), 958-972. https://doi.org/10.1080/10548408.2018.1468851

Xu, D., Chen, T., Pearce, J., Mohammadi, Z., & Pearce, P. L. (2021). Reaching audiences through travel vlogs: The perspective of involvement. *Tourism Management, 86*, 104326. https://doi.org/10.1016/j.tourman.2021.104326

Yılmaz, M., Sezerel, H., & Uzuner, Y. (2020). Sharing experiences and interpretation of experiences: A phenomenological research on Instagram influencers. *Current Issues in Tourism, 23*(24), 3034-3041. https://doi.org/10.1080/13683 500.2020.1763270

Yılmazdoğan, O. C., Doğan, R. Ş., & Altıntaş, E. (2021). The impact of the source credibility of Instagram influencers on travel intention: The mediating role of parasocial interaction. *Journal of Vacation Marketing, 27*(3), 299-313. https://doi.org/10.1177/1356766721995973

Yost, E., Zhang, T., & Qi, R. (2021). The power of engagement: Understanding active social media engagement and the impact on sales in the hospitality industry. *Journal of Hospitality and Tourism Management, 46*, 83-95. https://doi.org/10.1016/j.jhtm.2020.10.008

Yu, C. E., Xie, S. Y., & Wen, J. (2020). Coloring the destination: The role of color psychology on Instagram. *Tourism Management, 80*, 104110. https://doi.org/10.1016/j.tourman.2020.104110

Yu, J., Dickinger, A., So, K. K. F., & Egger, R. (2024). Artificial intelligence-generated virtual influencer: Examining the effects of emotional display on user engagement. *Journal of Retailing and Consumer Services, 76*, 103560. https://doi.org/10.1016/j.jretconser.2023.103560

Yu, J., & Egger, R. (2021). Color and engagement in touristic Instagram pictures: A machine learning approach. *Annals of Tourism Research, 89*, 103204. https://doi.org/10.1016/j.annals.2021.103204

Yüksel, A., & Yanik, A. (2014). Co-creation of value and social media: How? In N. K. Prebensen, J. S. Chen, & M. Uysal (Eds.), *Creating experience value in tourism* (pp. 182-206). CABI. https://doi.org/10.1079/9781780643489.0182

Zenker, S., Braun, E., & Petersen, S. (2017). Branding the destination versus the place: The effects of brand complexity and identification for residents and visitors. *Tourism Management, 58*, 15-27. https://doi.org/10.1016/j.tourman.2016.10.008

Zhang, Hao, Liang, X., & Qi, C. (2021). Investigating the impact of interpersonal closeness and social status on electronic word-of-mouth effectiveness. *Journal of Business Research*, *130*, 453-461. https://doi.org/10.1016/j.jbusres.2020.01.020

Zhang, Hui, Huang, K., Feng, W. Y., & Zhu, J. (Jason). (2023). Authentic wellbeing in the third space among Hanfu-wearing Chinese tourists: A PERMA analysis. *Tourism Management Perspectives*, *47*(26), 101106. https://doi.org/10.1016/j.tmp.2023.101106

Zhang, K., Chen, Y., & Lin, Z. (2020). Mapping destination images and behavioral patterns from user-generated photos: A computer vision approach. *Asia Pacific Journal of Tourism Research*, *25*(11), 1199-1214. https://doi.org/10.1080/10941665.2020.1838586

Zhang, K., Zhang, J., & Yang, J. (2023). The influence of human elements in photographs on tourists' destination perceptions and intentions. *Tourism Management*, *95*, 104684. https://doi.org/10.1016/j.tourman.2022.104684

Zhong, Y., Jiang, R., & Zou, L. (2022). Do you remember if you have olfactory dreams? A content analysis of LOFTER and a questionnaire survey conducted in China. *Physiology and Behavior*, *252*, 113849. https://doi.org/10.1016/j.physbeh.2022.113849

Zhou, B., Lapedriza, A., Khosla, A., Oliva, A., & Torralba, A. (2018). Places: A 10 Million Image Database for Scene Recognition. *IEEE Transactions on Pattern Analysis and Machine Intelligence*, *40*(6), 1452-1464. https://doi.org/10.1109/TPAMI.2017.2723009

Zuo, B., Tsai, C. H. (Ken), Su, C. H. (Joan), Jantes, N., Chen, M. H., & Liu, J. (2023). Formation of a tourist destination image: Co-occurrence analysis of destination promotion videos. *Journal of Destination Marketing and Management*, *27*, 100763. https://doi.org/10.1016/j.jdmm.2023.100763

FT-2